Couvertures supérieure et inférieure
en couleur

Le Célèbre
Cadet Bitard

par

Armand Silvestre

PARIS
LIBRAIRIE MARPON & FLAMMARION

Illustrations de
G. FRAIPONT

26, RUE RACINE, PRÈS L'ODÉON

EN VENTE A LA MÊME LIBRAIRIE

PUBLICATIONS RÉCENTES

BORDONE (GÉNÉRAL)
Garibaldi. (Portrait et Autographe). — Un volume in-18 . . . . . 3 50

COURTELINE (GEORGES)
Potiron. Couverture illustrée de Steinlen. — Un volume in-18. 3 50

DAUDET (ALPHONSE)
Port-Tarascon. Derniers exploits de l'illustre Tartarin. — Un volume in-18 illustré, de la collection Guillaume 3 50
L'Obstacle. Pièce en trois actes. — Un volume illustré, de la collection Guillaume. 3 50

DAUDET (ERNEST)
Fils d'Émigré. Roman. — Un volume in-18 . . . . 3 50
Le Gendarme excommunié. — Un volume in-18 . . . . 3 50

ÉMÉRIC (LE COMTE)
Problèmes de sentiment. Avec une lettre de A. DUMAS fils. Illustrations de Tiret-Bognet. — Un volume in-18. . . . . 3 50

FLAMMARION (CAMILLE)
Uranie. — Un volume in-18 illustré (Collection Guillaume). 3 50

HERMANT (ABEL)
L'Amant exotique. Illustration de Jeanniot. — Un volume in-18. . . 3 50

HUGUES LE ROUX
Au Sahara. Illustré d'après des photographies de l'Auteur. — Un volume in-18. . . . . 3 50

HYACINTHE LOYSON
Ni Cléricaux, ni Athées. — Un volume in-18. . . . . 3 50

MAËL (PIERRE)
Amours simples. Roman. — Un volume in-18 . . . . 3 50

MICHELET (J.)
Rome. — Un volume in-18. 3 50

PRADELS (OCTAVE)
Les Desserts Gaulois. Illustrations de Fraipont. — Un volume in-18. 3 50
Robert Daniel. Roman. — Un volume in-18. . . . . 3 50

ROGER MILÉS
Les Heures d'une Parisienne. — Un volume in-18. . . . . 3 50

SACHER MASOCH
La Sirène. Romans de mœurs russes. — Un volume in-18. . . . . 3 50

SIMON (JULES)
Mémoires des Autres. Illustré. — Un volume in-18. . . . . 3 50

TOLSTOÏ (LÉON)
Pamphile et Julius. — Un volume in-18. . . . . 3 50

XANROF
Pochards et Pochades. — Un volume in-18. . . . . 2 50

ZOLA (ÉMILE)
La Faute de l'Abbé Mouret. Collection Guillaume illustrée. — Un volume in-18 . . . . 3 50

LE CÉLÈBRE
CADET-BITARD

*Il a été tiré, de cet ouvrage,
dix exemplaires sur papier du Japon,
tous numérotés et parafés par l'éditeur.*

OUVRAGES DU MÊME AUTEUR

COLLECTION IN-18 A 3 FR. 50.

ROSE DE MAI. Roman. 100 dessins de Courboin. . . . . 1 vol.
CONTES A LA BRUNE. Illustrations de Kauffmann. . . . 1 vol.
CONTES GRASSOUILLETS. Eaux-fortes de Kauffmann . . 1 vol.
EN PLEINE FANTAISIE. Illustrations de Beauduin . . . . 1 vol.
CONTES DE DERRIÈRE LES FAGOTS. Illustrés par F. Lacaille. . . . . 1 vol.
POUR FAIRE RIRE. Gauloiseries contemporaines. Illustrations et eau-forte de Kauffmann . . . . 1 vol.
HISTOIRES BELLES ET HONNESTES. Illustrations et eau-forte de Kauffmann . . . . 1 vol.
CONTES A LA COMTESSE. Splendides illustrations de Kauffmann. . . . . 1 vol.

COLLECTION DES AUTEURS CÉLÈBRES

A SOIXANTE CENTIMES

HISTOIRES JOYEUSES. . . . . 1 vol.
HISTOIRES FOLATRES. . . . . 1 vol.
NAÏNA . . . . 1 vol.

ARMAND SILVESTRE

LE CÉLÈBRE
CADET-BITARD

Illustrations de G. Fraipont.

PARIS

LIBRAIRIE MARPON & FLAMMARION

E. FLAMMARION, SUCC^r

26, RUE RACINE, PRÈS L'ODÉON

Reproduction interdite.

… LE MIRACLE DE SAINT-BERCHOUX

Le Miracle de S. Berchoux

I

Cadet Bitard s'était toujours juré de n'épouser jamais une de ces demoiselles des villes qu'il faut mener au bal ou au spectacle tous les soirs, mais bien plutôt de prendre pour femme quelque jeunesse à la rustique, de belle santé, aimant les soins du ménage, lui apportant une dot plus ronde et surtout infiniment moins de moyens de la manger. Il fut donc comblé de joie quand une vieille amie de sa mère, la baronne de Bézencel lui écrivit : « Mon cher enfant, j'ai trouvé la pie au nid. De la beauté, de la sagesse, et trois cent mille francs nets, gagnés honorablement dans la culture. Cette perle est à Saint-Berchoux, au fond de mon Berry. J'oubliais de vous dire qu'Antoinette, la jeune fille, est fille unique, et son père, le père Grippenouille, marguiller. Ce sont des gens simples et honnêtes, de vrais paysans comme vous les aimez et comme les a décrits George Sand, une famille où vous pouvez rentrer le front haut. Embrassez votre maman pour moi et venez vite. Saint-Berchoux est à deux kilomètres seulement de Bézencel, et vous logerez au château. » Cadet-Bitard prit son billet le soir même et, deux jours après il ne quittait plus guère que quelques heures, durant la nuit, et pour retourner au manoir, la chaumière du père Grippenouille. Antoinette, en effet, lui avait plu du premier coup. Brune, grassouillette, avenante, avec des yeux très doux et des dents bien blanches, elle faisait rêver d'un de ces connubiums confortables où s'achève, dans le bien-être, l'innocence et un repos relatif, une vie de garçon où les chandelles n'ont pas été brûlées seulement des deux bouts, mais aussi un peu par le milieu. Antoinette faisait tout ce qu'elle voulait de son père. Cadet lui plut, par son air conquérant d'ancien godelureau qui en a fait de grises, et les choses marchèrent d'un train qui faisait paraître à deux pas la sombre silhouette de l'église et de la mairie. Tout en pelotant partie de ce côté, Cadet, pour prendre patience, n'omettait de faire cocu le bon baron de Bézencel. Car la baronne, pour avoir assez près de la cinquantaine, n'en était pas moins attirante encore pour un connaisseur: c'était une de ces femmes solides qui doivent vivre cent ans et elle n'en était encore qu'à la plus aimable moitié de ce siècle. Cadet-Bitard eut même grand soin de justifier cette prévenance, pour une personne mûre, par un de ces sonnets qui le feront immortel et que voici :

Funérailles

De l'hymen, première leçon,
Le souci d'un célibataire
Doit être de bien mettre en terre
Son existence de garçon ;

Pour qu'aucun désir polisson
N'en demeure en son cœur austère,
Purifié par le mystère
Et du mal n'ayant plus soupçon.

Pour fermer, devant toi l'ornière,
Jette au vent ta gourme dernière
Dans un flot de baisers ! Voilà,

Si tu ne veux qu'elle renaisse,
L'Adieu qu'il faut à ta jeunesse...
— Et, si tu peux, restes-en là !

II

Le père Grippenouille était bien, comme l'avait annoncé Mᵐᵉ de Bézencel, le vrai paysan, rusé, un tantinet avare, et de plus, superstitieux, comme tout Berrichon. Sur le tard il s'était fait hermite et jeté dans la dévotion. Il n'avait pas son pareil pour confondre la libre pensée et vous faire toucher du doigt que tous les mystères étaient, au fond, des choses simples comme bonjour. La Trinité! un simple axiome d'arithmétique. L'Immaculée Conception! une foutaise dont les imbéciles seuls étaient étonnés. Grand paillard durant sa jeunesse, Grippenouille avait été grand chasseur toute sa vie. Ce qu'il avait mis à mal de chevreuils, de lièvres, de perdreaux et de bécasses eût troublé la conscience de Nemrod lui-même subitement repenti. Mais il avait maintenant trop de ventre et plus assez de jambes. Il en avait conclu que la chasse était un exercice immoral, défendu par Dieu, auquel un bon chrétien devait renoncer, excepté quand M. le curé avait envie de manger un lapin ou une sarcelle. De ses derniers exploits il revenait essoufflé et fourbu. Enfin il fit un rêve qui le détourna pour jamais de reprendre un fusil. Oh! ce rêve, ce cauchemar! il ne conta pas autre chose pendant huit jours à la veillée où l'on mangeait des châtaignes. Car Saint-Berchoux n'est pas bien loin du Limousin où les châtaignes sont, comme on le sait, les plus savoureuses du monde. Voilà: il s'était endormi avec un peu mal à la tête et, tout de suite, son sommeil avait été peuplé de fantômes. Tout à coup il s'était trouvé dans une plaine immense, jonchée de gibier mortellement frappé. De cette hécatombe qui grouillait dans le sang, une hase s'était levée qui était venue à lui, en balançant ses oreilles d'une façon particulièrement mélancolique. Et, dans une mimique émouvante, la bête lui avait reproché ses crimes et, en particulier, la mort de son amant, un lièvre magnifique, que l'infâme Grippenouille se souvenait fort bien avoir mangé en civet, le soir même. Ici le tableau changeait, et Grippenouille, après avoir fait écarter les enfants, rougissait comme une jeune fille, en contant encore que l'hase lui

avait fait des propositions déshonnêtes, l'avait dévoré de baisers comme un amoureux et l'avait entraîné, malgré lui, dans un petit bois.
— Ah! la bougresse! la bête maudite! concluait le père Grippenouille en se signant. Un homme de mon âge! en voilà une dévergondée!

Cadet-Bitard s'efforçait en vain de lui prouver que tout ça n'était que des billevesées et n'y prêtait pas d'ailleurs grande attention, occupé qu'il était d'admirer la grâce abondante d'Antoinette et de se promettre de belles lippées d'amour dans le lit conjugal.

Cependant, à la suite de son rêve, le père Grippenouille eut une série de fâcheuses digestions, mêlées même de quelques vomissements. Il avait les envies troublées et avait des caprices, des cuvées folles d'un moment. Ses jambes étaient encore plus mauvaises et son bedon, tendu par l'irritation intérieure, s'arrondissait encore davantage. Cadet-Bitard, qui était pour les méthodes de la médecine nouvelle, lui conseilla d'envoyer une fiole de son urine au *docteur Levent des Fariboles*, un spécialiste parisien distingué, qui vous tirait l'horoscope médical d'un homme à l'inspection de trois gouttes de son pipi. Justement le plus ancien ami de Grippenouille, le père Foutard, maire de Saint-Berchoux, s'il vous plaît, allait faire un petit voyage d'agrément dans la capitale. Ce lui serait un plaisir de présenter le précieux dépôt, l'humide relique au prince de la science et d'en rapporter la consultation. Tout cela se fit le plus aisément qu'il soit possible et notre Foutard se mit en route, ayant dans sa poche un souvenir cacheté de la vessie de son antique compagnon.

III

Ce sacré Foutard, bien que pourvu d'âge déjà, n'en avait encore que pour le sexe. Ce poireau Rabelaisien s'arrêta à Châteauroux pour y coucher. La bonne de l'auberge lui plut et crac! il vous coucha bravement avec elle. En arrivant, il lui avait confié la petite fiole, recommandant qu'aucun accident ne lui arrivât. Mais la bonne, très bousculée, cassa la bouteille, et, ma foi! pour que Foutard ne s'aperçut de rien, en remplit une autre, pareille, d'un vin de même qualité et de même nature, mais provenant de son propre tonneau. Le père Foutard, tout au souvenir de sa bonne fortune ancillaire et qui ne s'était aperçu de rien, empocha le faux échantillon et l'alla porter au docteur Levent des Fariboles, qui promit de l'analyser avec un soin particulier. Après quoi, ledit Foutard se mit à faire une noce du diable à Paris, où il trouva que les femmes étaient encore plus accueillantes, sinon aussi désintéressées, qu'à Châteauroux. Avec quelques collègues départementaux à qui il avait donné avis de sa fugue, ils firent un petit banquet de lords maires d'où ils sortirent ronds comme des mortadelles.

Mais il fallait partir le lendemain. Foutard alla donc chercher la consultation et, bien que celle-ci fût enfermée dans une enveloppe, curieusement il ouvrit celle-ci et lut avec stupeur, ces simples mots qu'on lui avait fait payer cinquante francs — plus cher qu'au télégraphe : « Le sujet est enceinte. Attendre sa délivrance pour tirer un nouveau diagnostic. Signé : Levent des Fariboles. »

— La canaille! pensa le père Foutard, en pâlissant. Au moment de marier sa fille unique.

Et, comme il était essentiellement voltairien, le père Foutard maudit l'hypocrisie du père Grippenouille qui ne quittait pas les églises. Voilà ce que c'est que ces âmes dévotes! A plus de soixante ans, un saint nitouche à qui on aurait donné le bon Dieu sans confession. Les vomissements, ses envies, son ventre gonflé... Mais il avait fallu être aveugle! Pauvre Antoinette, qui se croyait sûre d'une fortune!

Le père Foutard était droit comme une épée. En arrivant à Saint-Berchoux, il alla droit chez le père Grippenouille, fit éloigner tout le monde, et, quand il fut seul avec lui, après avoir repoussé avec horreur ses embrassements, il lui jeta le papier à la figure, en lui disant :

— Tiens! cochon!

Le père Grippenouille lut, pâlit à son tour et demeura muet :

— Je te jure, balbutia-t-il.

Mais Foutard l'arrêta dès les premiers mots.

— Tu n'as donc pas songé, malheureux, que tu allais déshonorer ta famille! Que dire?

Car enfin, tu es veuf! veuf depuis trois ans. Ah! si ta sainte femme était là. Vieux dévergondé.

— Je ne comprends pas comment...

— Il faut réunir ce qui te reste de proches et leur avouer la vérité. Tu dois la dire aussi à ce brave jeune homme qui allait épouser ta fille et qui va trouver un beau-frère une belle-sœur dans sa corbeille de noces! Malpropre, va! Pourquoi pas deux bessons tout de suite?

— Ah! non! fit Cadet Bitard qui, à l'étourdie, entra comme la foudre, sans être attendu.

Le père Grippenouille alla donc à lui, et, s'humiliant au point de refuser la main que lui tendait Cadet, il murmura :

— Pardonnez-moi, monsieur, mais je ne sais pas comment ça s'est fait.

— Hein? fit Cadet-Bitard.

— Vous serez du conseil de famille tout à l'heure, mon jeune ami, lui dit avec une gravité douce le père Foutard.

— Le conseil de famille?... soupira le malheureux Grippenouille... Oh! non!... pas aujourd'hui! Demain! demain!

Et une telle honte se peignit à son visage sur lequel il ramenait ses deux mains, que le père Foutard, lui-même, ce moraliste exaspéré, eut un mouvement de pitié pour lui et ajouta, d'un ton plus doux :

— Soit ! Demain ! il sera toujours assez tôt pour dévoiler cet affreux mystère.

Venez, monsieur Cadet-Bitard, et armez-vous aussi de courage. Pauvre jeune homme qui aimez tant une fille si digne d'être aimée !

— Mon Dieu ! demanda tout bas Cadet-Bitard interdit, aurait-il tué ou dérobé quelqu'un ?

— Pis que cela, mon cher monsieur. Mais ne voyez pas mademoiselle Antoinette aujourd'hui. Retournez au château et revenez demain pour le conseil de famille, à deux heures. Mais venez à midi. Nous mangerons quelques bons perdreaux ensemble, en les arrosant de vin honnête. Tenez ! vous êtes tout troublé et il faut absolument vous distraire. Venez prendre un fusil à la maison et, si vous tuez quelque pièce en route, ce sera pour notre déjeuner de demain matin. Il faut se soutenir par de la bonne nourriture dans de pareilles épreuves.

Cadet, ne comprenant toujours rien de rien
à rien, suivit machinalement le loquace vieillard qui grommelait toujours entre ses dents :
— Fauter à son âge ! et veuf !... Sacré canaille !

IV

Cependant, abandonné seul à l'horreur de
sa surprise et à l'amertume de ses réflexions,
le père Grippenouille, accablé par un malheur
aussi immense qu'imprévu, victime, lui qui
n'était pas de Bethléem, de quelque pigeon
facétieux, sans force contre le déshonneur
qui jaillissait sur ses cheveux blancs, eut un
moment l'idée coupable de se pendre, mais il
pensa que le suicide d'un marguiller ferait un
détestable effet pour l'Église, et bien vite il
demanda pardon à Dieu de cette pensée
mauvaise. La tentation lui devait venir d'ailleurs encore, et, cette fois-ci, ayant pour
auxiliaire l'instinct naturel de la conservation,
devait plus aisément triompher de sa cons-

cience ébranlée. Il avait entendu parler vaguement d'une vieille drôlesse, la mère Longemothe, fort mal vue dans le pays et qui passait pour y faire des anges, j'entends pour venir, avec des philtres et des herbes vénéneuses, au secours des jeunesses qui avaient fauté, gauleuse de fruits verts au jardin des amours illégitimes et fécondes. Il savait encore que les drogues de cette espèce n'étaient pas sans danger et que plus d'une avait laissé sa santé dans ce crime. A son âge, ce serait mortel sans doute... Mais tout, plutôt que des couches ridicules sous le toit qu'avait longtemps honoré la vertu de ses aïeux.

Et, blotti dans un large manteau qui lui cachait la figure, sans attendre davantage, le malheureux Grippenouille s'en fut à la chaumière de la mère Longemothe, laquelle était la dernière du village, presque en pleine campagne déjà. La mégère lui rit d'abord au nez. Mais, devant le sérieux du bonhomme, elle jugea qu'en tirer quelques sous serait encore plus spirituel que railler sa naïveté. Pour cinq francs, donc, elle lui vendit et lui fit prendre, devant elle, une décoction quelconque, légèrement purgative, en l'engageant à rentrer bien vite chez lui, au cas où les douleurs menaceraient de le prendre en chemin.

La tête basse, l'opprobre aux entrailles, sous un ciel chargé de nuées où descendait déjà la majesté du soir, plongeant dans les pénombres des collines puis reparaissant à la lumière pâlissante, le père Grippenouille avait un faux air du Caïn de Prud'hon que le remords poursuit une torche à la mai...

Une sueur froide lui monta au front quand il sentit au ventre une pesée douloureuse suivie d'une douleur aiguë comme celle d'un coup de lance. Allait-il accoucher sur la route! Seul! sous la colère des vents qui, plus rapides, poussaient en avant les nuées. Il eut un moment d'angoisse indescriptible, une souleur qui lui anéantissait les muscles. Une simple colique ne fait pas tant de mal. Courbé en deux par la douleur et l'effort de retenir un mystérieux fardeau, Grippenouille gagna obliquement le champ qui bordait la route et s'assit, fiévreusement déculotté, comme on s'assied quand on n'a pas de siège, sous un grand buisson qui craqua à son approche. Prrrout! un soulagement subit, une impression délicieuse de délivrance lui vint du vacarme qu'il entendit sous lui, en même temps qu'un lièvre, blotti lui aussi dans le coin du taillis, et jusque là immobile de peur, lui passait entre les jambes.

— Mon fils, mon fils! s'écria Grippenouille, se rappelant son rêve, et oubliant tout le reste dans l'extase du sentiment paternel.

— Pan! pan.

Deux coups de fusil et le malheureux lièvre, guetté par un chasseur inconnu, tomba, en culbutant, sur ses oreilles.

C'était notre Cadet-Bitard, armé, comme vous le savez, du fusil du père Foutard, qui venait de lui envoyer cette boîte de dragée digestives.

En apercevant le meurtrier qui courait à sa proie pantelante, le père Grippenouille leva les deux bras dans une malédiction suprême.

— Assassin! assassin! cria-t-il d'une voix surhumaine à force de douleur, et il retomba lourdement dans l'herbe, anéanti sur le dos.

On craint beaucoup pour sa raison, à Saint-Berchoux. Toujours somnolent, depuis cette déplorable aventure, horriblement changé, il ne sort de sa torpeur que pour murmurer ces mots : Mon fils ! mon pauvre fils ! Assassin !

Cadet-Bitard a facilement persuadé à Antoinette qu'il faut quitter sa famille, quand celle-ci est pleine de pareils embêtements. Il l'a enlevée, amenée à Paris, en a fait une concubine fort joyeuse, au grand scandale de l'excellente baronne de Bézencel, qui a juré de ne plus s'occuper de mariage.

LE DRAPIER

A Jean Baffier.

I

Quelle adorable personne c'était que cette Mme Guillaume, avec ses yeux d'une couleur indécise mais dont le regard clair était fait, tout ensemble, de malice et d'ingénuité, avec sa bouche un peu grande peut-être, mais dont le sourire semblait un appel aux baisers ; bien modelée, avec cela, dans une belle chair ferme et savoureuse aux caresses ; ne réalisant aucun de ces types brutalement caractéristiques, passionnément adorés ou honnis qui font nommer le pays d'une femme à sa seule vue ; mais aisée cependant à reconnaître, dans ses origines, par les délicats à qui l'arome le plus léger et le plus lointain suffit pour désigner une fleur.

Car la France est pareille à un immense jardin, plus beau cent fois que le Biblique Paradis, dont les femmes sont la floraison vivante et délicieusement variée. Vous retrouverez en Provence, sur les joues des amoureuses, un peu des tons ambrés de la rose de Nice, un peu du sang rouge des Paul Nérons est aux lèvres de nos belles Toulousaines. Des myosotis et des pervenches s'ouvrent aux prunelles de nos Lorraines. Des Berrichonnes, George Sand ne nous a vraiment révélé que l'Ame. Mais, volontiers, les comparerai-je à l'églantine dont elles ont le charme sauvage, discret et pénétrant. Elles sont bien du cœur même de la race, avec je ne sais quoi d'ancien dans leur jeunesse, et bien vraiment filles des Gaules, là où le Romain n'avait pas empoisonné les sèves. Elles donnent comme une impression de terroir et leur voix chante, comme dans la tonne, au temps des cuvées nouvelles, les vins clairs, légers et grisants qu'on récolte au bord du Cher. Et puis, ce qu'elles aiment leur pays!

Mme Guillaume en était, et c'était un ravissement de l'entendre conter toutes les vieilles histoires dont on l'avait bercée, chanter tous les vieux refrains de là-bas où, comme dans tous les lieux du centre, on ne parle que de la mer. Jamais âme n'avait été plus fidèle à ce culte des souvenirs et elle pleurait d'attendrissement quand le vielleux Bousset et le cornemuseux Felhouzat venaient, en cachette de son mari, lui donner un de ces petits concerts du cru qui mettraient une bourrée aux jambes d'un cul-de-jatte. Car peut-être ignorez-vous que Paris possède, en plein Montparnasse, deux ménétriers berrichons, tous deux disciples du célèbre Compagnon et qui sont tout simplement de merveilleux artistes. On nous a donné assez de guitare et de castagnettes pour que la vielle et la musette nationales aient leur tour. Bousset est un bon gros réjoui qui tourne en marquant du pied la cadence. Felhouzat est un mélancolique qui ferait penser plutôt au berger Tityre soupirant sur son chalumeau. Tous deux sont de toutes les noces que leurs compatriotes font dans le quartier. Mais volontiers iraient-ils dans le monde et y feraient-ils plus de plaisir que les tambourinaires. Car la vielle, chère à Marie-Antoinette, est un instrument exquis d'accompagnement et de danse, et, dans la musette, souffle encore l'haleine du vieux Pan, charmeur de toutes choses.

M. Guillaume qui, bien que de Châteauroux, lui aussi, voulait à tout prix se faire passer pour Parisien, parce qu'il habitait rue du Petit-Carreau (où diable! allait-il prendre Paris!) était l'homme le plus indifférent du monde aux patriotiques poésies de sa femme. Il se moquait même d'elle, en quoi il montrait qu'il était un sot et ce qui devait en faire infailliblement un cocu. Car rien n'est plus sacré que cette religion des coutumes originelles et si notre Patrie devient aujourd'hui pareille à un de ces bazars à treize sous où tous les produits sont mélangés dans une promiscuité uniforme et navrante, c'est que ceux de la province n'ont pas eu le souci qu'il fallait de conserver leur caractère et comme leur couleur, tout en portant aux veines le même sang prêt à couler pour les mêmes idées de liberté et de gloire. Il y a tout à espérer et rien à craindre pour le salut de la race, laquelle est variée et une à la fois, de ces manifestations locales qui, par toute la France maintenant, sont comme un réveil du sentiment originel, en Berry, comme en Provence. Est-ce que la mer, qui n'a pas deux vagues pareilles, ne donne pas une autre impression de force massive et de puissance que la plaine dont tous les sillons sont égaux? Est-ce que la forêt auguste, qui n'a pas deux arbres qui se ressemblent et aient la même hauteur, n'est pas une, aussi bien que le gazon odieusement nivelé par la faux, et les mêmes souffles n'en inclinent-ils pas toutes les branches!

Certes, ce Guillaume, tout drapier qu'il fût de son état, avec devanture de boutique dans la rue du Petit-Carreau, était un crétin de railler les piétés de sa femme pour les choses du pays et de vouloir faire le Monsieur, quand il était, de par son père et sa mère, un simple gars, ce qui vaut beaucoup mieux!

II

Vous avez deviné déjà, petits prophètes en chambre, que notre Cadet-Bitard aimait Mme Guillaume. J'ajouterai qu'il le lui témoignait par les voies et moyens ordinaires, comme disent les gens de loi dont les voies sont loin d'être aussi agréables, et les moyens d'être aussi jolis. Le moment était bon pour cette belle expérience de cocuage. Le drapier se présentait aux élections municipales et était absolument absorbé par les intrigues dégoûtantes qui mènent seules aux honneurs. Il hantait les réunions publiques et y promettait de changer chaque pavé de son arrondissement en un pain de sucre, ce qui faisait plaisir à tout le monde, excepté aux diabétiques qui ne sont heureusement qu'une infime minorité. Pendant ce temps, le serre-croupière marchait ferme, comme dit Rabelais, dans sa maison. On y aulnait à l'heure avec l'aulne du père Adam, la meilleure encore, au moins au temps de la jeunesse.

Cadet avait toutes les délicatesses en amour. Bien que notoirement Languedocien, il s'était fait naturaliser gars du Berry pour être mieux aimé de la belle et pour lui faire croire, qu'en partageant le même lit, il ne faisait que prolonger le même berceau. Il avait déjà l'accent de la Châtre et espérait encore à celui du Blanc. Jamais l'étude des langues ne lui avait paru si douce! Mme Guillaume avait été prodigieusement touchée de cette ferveur d'exilé se voulant faire une seconde patrie, et elle ne lui marchandait pas les leçons qu'elle lui donnait avec des baisers plutôt qu'avec des paroles, méthode qu'il faut scrupuleusement interdire aux vieux professeurs à lunettes de l'Université. Pouah! Tous deux lisaient et relisaient ensemble les mêmes passages de la grammaire, s'arrêtant aux temps difficiles dans les conjugaisons et employant de préférence le subjonctif pour une raison que les malins seuls devineront. Or, on ne s'imagine pas ce que le verbe *aimer* a de temps non prévus par Noël et Chapsal. Un érudit en a compté trente-deux. Cadet-Bitard et Mme Guillaume ne les comptaient même pas! Imprudents qui dansaient sur un volcan, ce qui est toujours dangereux, même quand on danse au son de la vielle et de la musette!

Parmi les concurrents du drapier aux charges municipales était une plus sale tête encore que lui, le tonnelier Lafoutraille, et qui était résolu aux procédés les plus indélicats pour déprécier son rival. Attaquer Guillaume dans son honneur professionnel et dans sa renommée de commerçant n'était qu'un jeu pour cette conscience avachie de politicien municipal. Il décriait à l'envi les draps de Guillaume, lesquels n'étaient cependant pas sans mérite, surtout ceux où sa femme couchait Cadet. Il leur reprochait de ne pas être assez décatis, ce qu'on ne fera jamais à beaucoup de nos dames du théâtre. Il envoyait, à la journée, de faux clients qui faisaient perdre au drapier son temps et sortaient en criant qu'il ne vendait que de la cochonnerie. Il l'accusait encore d'avoir accaparé les laines et ne lui épargnait aucune des vilenies avec lesquelles ont coutume de se combattre ceux qui aspirent à un témoignage public d'estime de leurs contemporains. Car l'épée de Cambronne — j'entends celle dont la bouche de ce guerrier était le fourreau —

est devenue l'arme usitée dans ces duels loyaux entre gentilshommes modernes, et dont les témoins devraient porter le scaphandre des employés nocturnes de la *Société des odeurs dramatiques*.

Chaque jour était signalé par quelque méchanceté de cette indigne Lafoutraille à l'endroit du benêt Guillaume, lequel était vraiment, comme on dit, plus bête que méchant.

III

Or, ce jour-là, la soirée étant déjà presque commencée sans que le gaz fût allumé encore dans la boutique, car il était cinq heures et demie, peut-être, prélude de la nuit, en hiver — durant que le drapier raccolait des électeurs, à l'estaminet voisin, parmi les premières absinthes servies — dans la délicieuse pénombre du comptoir, Cadet-Bitard, assis tout près de Mme Guillaume, lui faisait mainte mignardise, en paroles, hélas! seulement, mais ces paroles, ressemblant fort à un becquetage de tourterelles, quand un quidam entra brusquement suivi de deux autres, juste à temps pour que les mains eussent pris sur la planche supérieure du buffet un décent tapotement de piano.

— Monsieur Guillaume? demanda l'intrus.

— C'est moi, monsieur, fit immédiatement Cadet-Bitard qui avait peur que quelqu'une de ses privautés à l'endroit de Mme Guillaume eût été surprise par cette entrée à l'improviste et qui ne voulait compromettre sa bonne amie à aucun prix, en laissant croire qu'elle eût des complaisances pour un autre que son mari.

L'homme lui lança un mauvais regard et reprit :

— Mes amis et moi, nous voudrions acheter des draps.

— Prêt à vous servir, messieurs, risposta affablement Cadet, en se passant, derrière l'oreille, une plume d'oie pour se bien donner l'air d'un commerçant et en s'armant d'un mètre. Quelle qualité ces messieurs veulent-ils ?

— Nous voulons voir beaucoup de pièces et puis nous choisirons après.

— Allumez, ma chère amie, fit avec autorité Cadet.

Et la boutique s'illumina par les soins de Mme Guillaume, inquiète que son mari ne revînt trop tôt.

Cadet grimpa sur les longues planches où se montraient les étoffes, et, des casiers supérieurs, il y fit tomber une douzaine de pièces, puis redescendit.

Les clients commencèrent de les prendre une à une, en faisant claquer l'étoffe entre leurs doigts, comme des connaisseurs, et en hochant la tête avec des airs de doute.

— Moi, c'est au craquement du drap quand on le déchire que je reconnais vraiment sa qualité et sa valeur. Le bruit est-il sec? le tissus est bien serré; est-il mou? le tissu est lâche et ne sera d'aucun usage. Voulez-vous me déchirer une languette de celui-ci, à la lisière?

Cadet entama le bord de la pièce d'un léger coup de ciseaux et tira dans toute la longueur. Ça fit : Clac!

— Trop sec! fit l'acheteur. Le tissu est brûlé. Voyons celle-ci.

Et il lui en tendit une autre sur laquelle Cadet recommença l'opération : Claaaac!

— Trop mou! étoffe sans consistance. Et celle-là?

Même jeu. Et pour une quatrième et pour une cinquième, et pour une sixième. Toujours : trop sec! ou : trop mou! Et ce drap-là? Et cet autre? Encore ; trop sec! ou encore : trop mou!

A la fin, Cadet perdit patience, ayant une appréhension vague qu'on se moquait de lui. Ayant épuisé les pièces descendues, il remonta sur l'estrade, comme pour en atteindre d'autres, se retourna et ayant bien le derrière à la hauteur de la figure de son interlocuteur, et tout près, il vous lui déchargea, à bout portant et en plein nez, une belle pétarade de Flandres qui lui incommodait les flancs depuis un quart d'heure, en lui criant :

— Eh bien! et celui-là?

Mme Guillaume, qui ne s'attendait pas à cette canonnade, fut prise d'un fou rire tout à fait bon enfant. Mais les deux quidams qui accompagnaient le bombardé firent un chorus d'indignation avec celui-ci. Ils étaient témoins de l'offense! Ils déposeraient en justice! Guillaume — (ils croyaient ou feignaient de croire que c'était Guillaume) — serait déshonoré,

ruiné ! Lui, conseiller municipal, allons donc !
Pour péter sur les chaises curules alors et
dans la voiture de M. Roussello !

Les émissaires de l'infâme Lafoutraille, —
car c'en était, mes frères, mes petits dégusta-
teurs de friandises parfumées, — firent un
tel vacarme de cette aventure dans le quartier que l'infortuné Guillaume qui proteste,
avec l'énergie de l'innocence, contre les im-
putations bruyantes dont il est l'objet, sera
vraisemblablement obligé de le quitter au
prochain terme. Il est riche, d'ailleurs, et
parle de retourner à Châteauroux. C'est sa
femme qui serait contente de revoir le Berry,
d'autant que Cadet-Bitard lui a juré de l'y
suivre et que tous deux y danseront de belles
bourrées, aux sons de la vielle et de la musette, cette menue monnaie de la grande
lyre d'Homère cadençant les premiers pas
du monde enfant.

IV

Fidèle à sa coutume, Cadet-Bitard augmenta
son volume, à ce sujet, du sonnet suivant :

Le Nez au Vent

Le marin, debout à l'avant,
A l'heure où l'horizon s'éclaire,
Ayant mouillé son annulaire,
Le tend aux souffles se levant.

Le politicien, souvent,
Toujours préoccupé de plaire,
Avant de risquer sa galère,
Cherche, aussi, d'où souffle le vent.

Au marin, qui craint la tempête,
Je dis : Frère, lève la tête,
Le ciel au port te conduira !

A l'intrigant qui flaire et doute,
Je dis : Toi qui cherches ta route,
Viens ! mon cul te la montrera !

Et Cadet-Bitard a fichtre bien raison !

LA POURSUITE

LA POURSUITE

I

Notre beau paysage Languedocien, par un de ces jours de vacances automnales qui sont comme le frisson d'un linceul d'or sur les splendeurs qui se vont évanouir. Tout au pied, la Garonne encore bleue mais avec des reflets d'ocre semblant les boucles dénouées d'une chevelure sur un oreiller d'azur, et çà et là, un zig zag rouge dessiné par l'image d'une maison riveraine en briques. Au fond, le rideau des Pyrénées à travers les transparences ensoleillées d'une gaze argentée, un pic de neige saillant par places et semblant une fusée de lait jaillissant d'une mamelle. De l'autre côté, Toulouse, très lointaine, paraissant aussi une chaîne de colline avec son dôme gris et la dentelure rocheuse de ses clochers romans, Toulouse et ses ponts, pas plus larges, à cette distance, qu'un brin de jonc jeté entre les deux bords d'un ruisseau. Et dans ce décor traversé par le vol des derniers papillons blancs flottant dans l'air comme des lettres d'amour écrites au printemps et en mille morceaux déchirées, l'haleine grisante des vendanges, dans la chanson des belles filles et le rire clair des gars amoureux.

C'est au village de Castelux que Cadet-Bitard jouissait, depuis une semaine déjà, de ce spectacle admirable. Mais, à vrai dire, c'était moins la beauté du paysage qui l'y retenait que celle, infiniment plus vivante encore, de Mlle Pauline Cantelou, fille d'un aubergiste du pays, et dont il s'était épris idylliquement, comme un berger de Théocrite. Et, de fait, Pauline était vraiment de la race des Amaryllis et des Glycines, des Galathées et des

Chloés. Une grâce toute antique enveloppait sa personne, de ses pieds qui n'étaient pas outrageusement petits comme ceux des poupées japonaises, à son front étroit comme celui des Vénus de marbre. Le stigmate de la modernité ne résidait que dans son vêtement sordide de paysanne, mais devinait-on, par-dessous, les charmes robustes que dore, au dedans, comme une sève généreuse, le dernier flot du sang latin. Ses prunelles semblaient deux grains de raisin noir luisants de matinale rosée, le rouge sombre des mûres cueillies le long des haies veloutait ses lèvres légèrement charnues et dont un imperceptible duvet estompait le contour. Les reliefs insolents de sa gorge et de ses hanches tendaient, chacun en sa place, l'indigne étoffe qui en cachait les blancheurs mates et baignées d'ambre clair. C'était une toison d'agneau noir qui lui montait de la nuque aux nacres brunes, se déplissant ensuite en larges ondes tordant jusqu'au front leurs remous pesants. Je vous laisse à penser si les galants manquaient à une telle fille. Le meunier Roubichou, le bourrelier Rotenflutte, le vigneron Calestroupat, le pêcheur Lagarrigue, Silvestrou, le joueur de flageolet, sans compter les autres, n'achalandaient l'auberge du père Cantelou, réputé comme voleur, même chez ses confrères, que pour admirer, à leur aise, en buvant de la limonade dans de la bière, les charmes de cette splendide créature et lui débiter des madrigaux à la rustique et qui n'eussent été que médiocrement goûtés à l'hôtel de Rambouillet. Mais Pauline ne voulait rien entendre, ou du moins, rien écouter de ces fadeurs. Une fierté de race protestait peut-être, en elle, contre l'impertinence flatteuse de ces manants. Elle haussait les épaules, ses belles épaules de Diane exilée, ou giflait ceux des soupirants qui tentaient d'ajouter la mimique à la parole. Cadet-Bitard avait assisté à tout ce manège et une émulation lui était venue au cœur d'obtenir ce qui était refusé à ses rivaux. Cette authentique pucelle lui était une tentation despotique et tentait-il de lui faire la cour par mille attentions délicates contrastant avec les galanteries brutales des gens de peu. Mais de lui, comme des autres, Pauline riait de toute la blancheur de ses dents et de toute la claire fanfare de son gosier d'ivoire. Elle semblait ne guère penser aux choses de la tendresse et pourvu qu'elle trottât du soir au matin dans la campagne encore fleurie, sur le dos de son âne Bramah, cueillant au taillis des fruits sauvages, sans descendre seulement de son indolente monture, ou s'asseyant quelques instants au bord des sources pour en ouïr la chanson sur les sables, il ne semblait pas que rien lui parût enviable ici-bas.

II

C'est dans une de ces promenades matinales, un dimanche, après la messe où il avait été dévotement lui tendre, à la sortie, une gouttelette d'eau bénite, que, sournoisement, Cadet-Bitard avait suivi la belle vagabonde, prenant derrière elle, et sans se montrer, les mêmes sentiers, souhaitant peut-être qu'une chute, sans gravité s'entend, lui permît d'en voir un peu plus haut que de coutume ou de se rendre intéressant en venant à son secours. Et, derrière les haies bordant l'étroit chemin qu'avait pris mademoiselle Cantelou, se cachant les uns aux autres, et comme des soldats en embuscade, le meunier Roubichou, le bourrelier Rotenflutte, le vigneron Calestroupat, le pêcheur Lagarrigue et Silvestrou, mon cousin, le joueur de flageolet, faisaient exactement le même manège, dans le même désir inavouable et malséant. Mais Pauline, qui était d'ailleurs excellente écuyère, ne devait pas tomber d'âne ce jour-là. En effet, avait-elle dû descendre à mi-route pour administrer une volée à Bramah qui, dans un de ces accès de l'entêtement dont la plus aimable bête de la création est coutumière, refusait absolument d'aller plus loin. Avec la résignation d'un martyr qui ne porte pas, pour rien, une croix sur le dos, le baudet récalcitrant subissait cette inutile fouaillée. Peut-être même était-ce un quadrupède vicieux qui y prenait plaisir. Pauline, les bras nus, et rouge de colère, l'invectivait tout en le frappant. Mais Bramah semblait secouer, avec ses longues oreilles, les injures qui auraient pu y entrer. Comme attirés par ce vacarme, inopinément, et par le plus grand des hasards, Roubichou, Calestroupat, Rotenflutte, Lagarrigue et mon cousin Silvestrou, apparurent, se dégageant des hautes bordures du sentier, et Cadet-Bitard aussi, venant par derrière, avec l'air désintéressé d'un flâneur qui ne s'attendait guère à être témoin d'un tel événement. Tous proposèrent à Pauline — Cadet-Bitard excepté, qui se réservait pour un autre avis — de l'aider à rosser l'animal indocile, celui-ci avec ses sabots, celui-là avec sa canne, Lagarrigue avec le scion de sa ligne, et Silvestrou avec sa flûte de bois dur. Mais Pauline, qui craignait qu'on assommât son coursier ordinaire, refréna leur cruel empressement. C'est le moment qu'attendait Cadet-Bitard pour triompher par un plus sympathique moyen.

— Mon aïeul Polydore Bitard, qui était apothicaire à Montpellier, fit-il gravement, a laissé la recette d'une pommade qui, glissée entre les fesses des bêtes rétives, les fait partir au galop. Laissez-moi courir au village et en faire confectionner un petit pot immédiatement à la pharmacie Castelmajou.

— Volontiers, monsieur Cadet-Bitard, fit Pauline; car ce méchant animal refusant de marcher, aussi bien pour retourner à la maison que pour continuer sa route, il me faudra coucher ici si nous n'arrivons à vaincre sa mauvaise volonté.

— Nous y coucherons avec vous, mademoiselle Pauline, s'étaient écriés en chœur le meunier, le bourrelier, le pêcheur, le vigneron et le joueur de flageolet.

— Grand merci! avait-elle répondu. Et que dirait-on dans le pays!

Cadet-Bitard était déjà loin. Une demi-heure après, sans plus, haletant comme un soufflet de forge, il rapportait un onguent fait de gingembre saupoudrée de cantharides, suivant l'authentique recette de l'aïeul Polydore. Mon cousin Silvestrou souleva violemment la queue de l'âne qui lui réciproqua, en plein visage, un air de flageolet de sa façon, et Cadet-Bitard introduisit au-dessous, dans ce que les superstitieux appellent le mauvais œil, gros comme une noisette de l'excitant produit que maître Castelmajou venait d'élaborer.

III

Ah! mes enfants! A peine le feu ailleurs qu'aux talons, Bramah détala d'une telle vitesse qu'il brisa son licou et qu'il fut impossible de le retenir.

— Ah! mon Dieu! mon Dieu! s'écria la belle Pauline, qui me le rattrapera maintenant!

— Moi, mademoiselle, s'écria Cadet-Bitard; et par une de ces inspirations subitement géniales qui sont le salut des causes perdues, jugeant que la pommade devrait produire le même effet sur l'homme que sur les bêtes, pour être assuré de courir aussi vite que le fugitif qu'il allait poursuivre, il s'insinua, à lui-même, en dessous de la braguette de son pantalon, une seconde noisette de l'onguent merveilleux, dans le même endroit que le baudet.

Et ouf! il bondit comme un cerf qu'un grain

de plomb a blessé. On eût dit qu'il lui était poussé des jambes de sept lieues tant il arpentait la campagne sur les pas du fuyard qui zigzaguait avec des ruades furieuses, à travers luzernes, colzas, maïs. Mais l'animal gardait toujours la même avance sur le malheureux Cadet-Bitard.

— Mais ils vont se perdre tous les deux, clama Pauline au comble de la détresse. Car son avarice native de paysanne lui faisait redouter *in petto* que ce trop complaisant sauveur s'esquivât en Amérique, avec son âne, par le prochain paquebot.

Et, subitement inspirée aussi par un Dieu, sans crier gare, se jetant sur le petit pot d'onguent que Cadet avait jeté à terre, sous ses jupes subitement troussées, elle glissa une troisième noisette pour rattrapper, elle-même, les deux absents. Mais voyez la malechance. Le bourrelier Rotenflutte, en se précipitant vers elle pour l'empêcher de faire cette folie, lui poussa maladroitement le coude par derrière, si bien que le petit bloc de pommade se vint bouter plus loin et plus haut qu'il n'avait été dirigé par la volonté de Pauline. Il n'en disparut pas moins du bout de son doigt. Il paraît que l'effet de la recette de l'aïeul Polydore était différent suivant l'endroit où elle était appliquée. La belle Pauline ne se mit pas à courir comme Bramah et comme Cadet-Bitard. Mais ses beaux yeux, sous l'action du gingembre cantharidé, se noyèrent d'une langueur subite; un sourire voluptueusement provocant lui détendit les lèvres; un frisson lui passa par tout le corps et y mit de félins ondoiements. Sur son sein dégrafé elle attira mon cousin Silvestrou et lui posa un baiser furibond sur la bouche. Puis c'est dans les bras de Calestroupat qu'elle se jeta avec des caresses désordonnées dans les mains. Roubichou, Lagarrigue et Rotenflutte s'élancèrent à la distribution. Muse virgilienne, tends un voile entre ma plume et mes yeux, muse chaste du doux Ménalque et du vertueux Tityre! Jamais dans le sac d'une ville conquise, virginité n'avait subi pareil assaut et jeune personne ne s'était laissé violer avec plus d'entrain.

Et Bramah? Et Cadet-Bitard? Je vous laisse à penser s'ils étaient oubliés dans leur course furibonde! Cependant Bramah ayant buté, Cadet-Bitard avait fini par s'en rendre maître.

Triomphalement, les genoux déchirés et les chevilles fourbues, il le ramenait, heureux par avance de la récompense si bien méritée. Il alla donner en plein dans l'orgie improvisée que je viens de dire, et, muet d'indignation et d'horreur, jura de ne jamais revenir.

En allant faire ses malles à l'auberge du père Cantelou, qu'il négligea de féliciter sur la belle conduite de son héritière, il rencontra un homme influent du pays qui l'exhorta vivement à y demeurer encore. Un député de l'arrondissement était très malade et peut-être songerait-on à lui, Cadet-Bitard, pour représenter la contrée. Mais, furieux de sa mésaventure et n'ayant d'ailleurs pour les fonctions publiques aucun goût, notre ami lui répondit par ce sonnet-boutade dont je ne tenterai pas de justifier le mauvais esprit :

Sonnet

Hommes austères
Qui, quelquefois,
Votez des lois,
Parlementaires,

Fils de notaires
Pour qui, je crois,
L'esprit gaulois
N'a que mystères ;

Politiciens,
Neufs, anciens,
Que Dieu me damne !

Je donnerais
Tous vos décrets
Pour un pet d'âne ?

Et, après avoir scandé d'une pirouette cette poésie de mauvais goût, il regagna Paris pour oublier à jamais la belle Pauline Cantelou.

LA DOUBLE ASSOMPTION

La Double Assomption

I

Un incident dont la gravité diplomatique n'échappera à personne, pas même à nos diplomates, vient de se produire et malgré le soin qu'on prend, en haut lieu, de le laisser ignorer encore, nous nous faisons un patriotique devoir de le révéler aux lecteurs de ces contes, gens passionnés essentiellement pour la politique extérieure.

L'Angleterre vient de prendre possession, au mépris des lois élémentaires du droit des gens, d'un îlot de la mer de Sicile, jusque-là négligé dans les géographies.

Ce drame international, gros de conséquences imprévues, a commencé comme une idylle, par les curieuses amours de Cadet-Bitard avec la charmante Betsy Botum, et plutôt que vouloir sonder les nuages dont l'horizon européen est noir, c'est cette églogue que je vous vais raconter.

D'abord, la charmante Betsy Botum était-elle dame ou demoiselle? Cadet-Bitard n'en a jamais su plus que moi à ce sujet. Car le Botum, dont elle portait le nom gracieux et qui l'accompagnait en voyage, pouvait être aussi bien son père que son mari, et ces deux êtres avaient enveloppé leur commune existence d'un tel voile de convenance et de pudeur que la nature essentielle de leurs relations était quelque chose d'absolument impénétrable. Dans tous les hôtels que leur vie errante avait traversés, le même problème s'était posé devant la curiosité obstinée des autres voyageurs, sans avoir jamais été résolu. Les domestiques eux-mêmes en étaient réduits aux conjectures. Mais cette subtilité sociale était parfaitement indifférente à Cadet-

Bitard. Cueillir le premier une fleur destinée à être cueillie, ou faire cocu un monsieur qui le serait certainement plus tard, était tout un pour sa morale aussi complaisante qu'éclairée. *Habent sua fata.* Être l'ouvrier du Destin ne saurait être un crime. Il n'aimait Betsy ni pour sa sagesse, ni pour son époux, mais bien pour la blancheur laiteuse de sa peau, l'or vivant de sa chevelure, le joli sourire moqueur de ses lèvres, son air faussement ingénu de jeunesse et, tout de suite, avait-il composé, pour elle, un de ses sonnets qui seront l'histoire sincère de son âme, et que voici :

À une jeune anglaise

Ou Miss ?... ou Milady ?... que sais-je !
I love you; c'est l'essentiel.
Vos yeux ont la couleur du ciel,
Votre teint l'éclat de la neige.

Que vous ayiez ou non, — j'abrège, —
Sœur de Pluck et d'Alaciel,
Le *quantum* superficiel
Dont j'aime à voir remplir un siège,

Énigme vivante, *I love you !*
Et je voudrais, d'un baiser fou,
Effleurer vos fines quenottes,

Avant que le Temps assassin
En fasse l'affreux clavecin
Dont on craint d'entendre les notes.

Ah! ces bouches d'Anglaises qui commencent à ressembler à des fraises et qui finissent par être pareilles à des pianos. En attendant cette destination musicale que l'âge lui réservait, celle de la charmante Betsy Botum avait la fraîcheur d'une rose dont un microcosme de rosée emplit le cœur. Et, comme le ménage — ou la famille — Botum (puisque rien n'est encore fixé sur ce point, s'embarquait pour la Sicile, Cadet-Bitard, qui n'avait obtenu encore que quelque menue monnaie de flirtation, de la belle inconnue, prit le même paquebot, résolu à pousser plus loin l'aventure. Mais le voyage ne lui en fournit pas l'occasion. Botum était l'homme le plus réservé du monde et veillait sur son trésor — conjugal ou filial — avec une jalousie — ou un soin paternel — ne permettant aucun tête-à-tête entre la séduisante Albionaise et notre amoureux ami. Au moment du débarquement seulement, un bout de conversation, quasi scientifique, entre les deux hommes, les rapprocha subitement. Tous deux s'occupaient d'archéologie, et l'Anglais, imaginant que l'érudition, solide en cette matière, de Cadet, lui pourrait servir à quelque chose, devint le plus aimable du monde avec lui.

Celui-ci, qui se trouvait ainsi rapproché de Betsy, était au comble de ses vœux.

II

Ce ne fut pas sans une émotion d'artiste, sincère et vibrante, que Cadet vit, pour la première fois, ce rivage syracusain où la grande âme de Théocrite chante encore dans les flots de la mer bleue: Le promontoire où la magicienne avait en vain tenté le pouvoir de ses phyltres sur l'amour; la grotte où Polyphème avait pleuré l'infidèle Galatée, les murailles aux ruines fleuries dont l'écho disait encore la dispute de Gorgo et de Praxinoë; tout ce décor glorieux des tendresses passées s'envolant au bruit des rustiques pipeaux. Plaignons ceux qui ne rêvent ni ne pleurent devant ces augustes débris, d'une vie meilleure, mieux ennoblie par l'art, tout en étant plus près de la Nature. Dans ces évocations du monde antique, les amoureux fervents, surtout, trouvent une source d'impressions ineffablement vives et délicieuses. La grande ombre de Vénus monte, encore, pour eux, du gouffre murmurant des mers, avec une musique de baisers et dans un ruissellement de perles qui ressemblent à des larmes.

Cadet-Bitard était tout à fait sous le charme des espérances que, comme une vigne hâtive, mûrit le soleil du souvenir, Betsy lui apparaissant tour à tour, sous les traits exquis d'Amaryllis, de Néréa et de Glycère, quand notre mystérieux Botum proposa une grande excursion pour le lendemain matin. On louerait des ânes pour faire, à petit pas, et sans fatigue, une longue promenade, par les sinuosités du rivage, tout embroussaillées de tamarins et dorées de genêts en fleurs. Ainsi ferait-on peut-être quelque précieuse découverte dans des terrains qui avaient oublié, sans doute, la trace des pas humains.

Dès l'aube, les trois montures furent amenées devant la porte de l'auberge, toute enguirlandée de glycines sauvages. Botum choisit le plus vigoureux des baudets, ayant un ventre fort lourd à lui faire porter. La charmante Betsy prit le plus gracieux et le plus fringant. Le troisième était un pauvre bourriquet, au dos tanné de coups, qui se prit à regarder Cadet avec de grands yeux mélancoliques, de pleurs, de supplications; — car le regard de l'âne est le plus éloquent du monde — que celui-ci, pris d'un goût subit pour la marche, déclara gaîment qu'il ferait la route à pied, la compassion pour un misérable animal ne fut peut-être pas l'unique raison de ce parti. Il se dit encore qu'il serait infiniment agréable de conduire, par la bride, le coursier de Betsy, dans les passages difficiles, de la soutenir au besoin, dans ses bras, enfin de prendre, à cette occasion, mille privautés charmantes que l'équitation lui aurait interdites.

Une diversion subite fut apportée à ce courant voluptueux de pensées par une pétarade formidable qu'envoya l'âne de l'Anglais, au moment où celui-ci se mit en selle ; une de ces belles pétarades à queue droite qui sont comme un feu de mousqueterie.

— *Shocking!* fit gravement M. Botum en écartant les jambes.

Mais l'âne, comme le singe et comme le mouton, est un animal d'imitation. Le fringant et gracieux baudet sur lequel Betsy venait de s'asseoir, avec une déplorable légèreté, se piqua d'honneur et lâcha, à son tour, une belle fusée sonore, une véritable bourrasque de vents.

— *Goddem !* fit M. Botum tout à fait indigné, ne pourrait-on baoucher ! oh ! yes ! le ridiquioule boâte à miousic de ces stioupides animaux ?

Les garçons d'écurie s'impatientèrent et, malgré les protestation asinophiles de Cadet-Bitard, lequel prétendait qu'une seule loi est à maintenir dans le code, la loi Grammont, à la condition de l'appliquer aux hommes, ces rustres fourèrent de douloureux bouchons de paille sous les queux tirebouchonnées d'angoisse des deux pauvres rossignols arcadiens. Ceux-ci n'en partirent pas moins, d'un trot résigné, en hochant leurs longues oreilles chauves par mépris et dégoût de l'humanité.

On s'enfonça dans les genêts étoilés et dans les tamarins frémissants, sur un chemin de sable très fin et de terre de bruyère où les pas des bêtes mettaient leurs petites empreintes sèches et pas beaucoup plus grandes que des écus. Cadet ayant eu grand soin de faire ouvrir la marche par M. Botum, pour pouvoir s'empresser davantage auprès de la charmante Betsy.

III

Après deux heures environ de promenade, M. Botum donna le signal du champêtre déjeuner. Il tira d'une besace, infiniment plus confortable que celle d'Homère, de fines et larges tranches de rosbeaf, un pot de moutarde, un semblant de pain et deux bouteilles de champagne. Il exprima vivement à Cadet-Bitard le regret que celui-ci n'eût apporté aucune provision personnelle, lui parlant éloquemment de la prévoyance, à cette occasion, et engloutissant le tout, en compagnie de sa fille, sans offrir seulement une bouchée ou un verre à leur compagnon. Mais Cadet, qui était un rustique, s'alla cueillir des fruits sauvages dans les haies, et plus affamé d'ailleurs de tendresse que de bœuf rôti, n'en fit pas moins un goûter délicieux en regardant, entre les feuillages, la charmante Betsy se bourrer indécemment de sandwiches. Durant ce temps, les deux ânes, dont Cadet avait dénoué la bride et sorti le mords de la bouche, paissaient à l'aventure. Un champ de cumin, herbe chantée par Théocrite, et dont la graine est vraisemblablement celle qui sert à fabriquer aujourd'hui le vrai Kümel, variété d'anis en ayant toutes les vertus odorantes et carminatives, était justement tout près, et nos deux gaillards — c'est les ânes que je veux dire, — se colèrent une véritable indigestion de ce pâturage parfumé. Ils avaient deux bedaines comme deux tonneaux quand on les voulut seller à nouveau et il fallut leur faire avec des cordes d'artificielles sous-ventrières. Les dures guibolles de Mylord, une fois à califourchon, étaient écartées comme les jambages d'un V renversé. La charmante Betsy semblait posée sur une boule, comme les déesses qui ont pour sièges des planètes. Elle roulait là-dessus de la plus comique façon. On se remit toutefois en route, Cadet, cette fois-ci marchant derrière l'Anglais et sa compagne, le ventre du baudet de celui-ci ne lui permettant plus de se tenir à côté.

Comme il marchait ainsi, mélancolique et regardant devant lui, il se crut tout à coup le jouet d'un rêve, d'une hallucination, et dut se pincer la cuisse pour s'assurer qu'il ne dormait pas et qu'il n'était pas sorti du monde réel. Les ânes se gonflaient, se gonflaient, se gonflaient, au point de perdre toute forme ou de devenir pareils à des ballons ou à des outres. En même temps, le bruit de leurs pas devenait de plus en plus insensible sur le sol, comme si leurs pieds eussent touché de moins en moins la terre. Le cumin, parbleu! Ce frère perfide de l'anis qui développait ses boursouflures ordinairement libératrices aux flancs captifs de ces pauvres bêtes hermétiquement closes et privées de leur naturelle soupape de sûreté. Ainsi s'enflaient-elles démesurément, gagnant en volume, perdant en poids spécifique et aussi ce gage de sécurité dans l'orientation que Nadar a si bien défini : plus lourd que l'air!

Pch! pch! avec un bruit de cerfs-volants, voilà nos deux ânes et leurs cavaliers, les jambes raides de terreur, et tendant déplorablement le cou dans l'espace, qu'un souffle enlève, aussi aisément que deux feuilles mortes, et emporte, épouvantés, dans l'atmosphère. Le vent venait justement des terres, et, muet lui-même de douleur et d'effroi, Cadet-Bitard vit ce double aérostat vivant prendre, à un nombre de mètres respectable déjà, le chemin de la mer. L'amour lui donnant à lui-même des ailes, il bondit à travers les tamarins et les genêts, sans épargner ni sa culotte neuve, ni sa propre peau ; il atteignit le rivage, et les deux voyageurs l'ayant dépassé déjà, dans leur fantastique course, comme autrefois Léandre, il se précipita dans le flot bleu.

Excellent nageur heureusement, il lui resta assez de présence d'esprit pour bénir la Providence quand, juste au-dessus d'un flot dont personne ne s'était jamais préoccupé, il vit les deux ânes se dégonfler subitement, mais, peu à peu, de façon à redescendre sans secousse après une vive et double explosion qui avait projeté, au loin, les deux tampons de paille dont on les avait bouchés au départ. Une de ces bourres abdominales blessa même un alcyon qui s'abattit, en étendant ses grandes uiles. M. Botum et la charmante Betsy étaient sauvés. Trente brasses vigoureuses, et Cadet-Bitard atteignait ce même port.

Pendant qu'il s'empressait autour de Betsy à demi-évanouie, notre Cadet vit M. Botum tirer gravement son mouchoir de sa poche, l'attacher au bout de sa canne et planter celle-ci dans le sable mouillé par le reflux de l'ilot. Après quoi, ledit Botum s'adressant à Cadet, lui demanda sévèrement :

— Vaôtre passepaort ?
— Hein ! fit Cadet.

Alors l'Anglais, méthodiquement, sans emphase, lui expliqua qu'il venait de prendre possession de cette terre nouvelle au nom de sa gracieuse souveraine et l'invita à acquitter les droits de douanes conformément au tarif de la nation la moins favorisée. Le pauvre Cadet, ayant perdu son porte-monnaie dans sa précipitation, dut laisser opérer sur lui la saisie légale de tous les objets soumis à l'impôt. Il ne lui resta absolument que sa chemise. Après quoi le gouverneur improvisé des possessions nouvelles lui signifia un arrêt d'expulsion qu'il prit lui-même en vertu de ses pouvoirs absolus. Cadet dut se remettre dans l'eau, avant le coucher du soleil, et regagner la plage syracusaine, n'ayant obtenu, pour toute consolation, qu'un sourire de Betsy, moitié compatissant, moitié moqueur. Arrêté par les autorités siciliennes pour l'irrégularité de sa tenue, il fit le récit sincère de ce qui lui était arrivé. Le gouvernement italien a immédiatement adressé une note aigre-douce au gouvernement anglais. J'avais donc bien raison de vous dire que, dans l'état fragile de l'équilibre européen, ce nouvel acte d'usurpation britannique pouvait allumer le volcan sur lequel nous affectons de danser. Rappelons-nous que l'Etna est en Sicile !

MUET PAR AMOUR

MUET PAR AMOUR

I

— Eh! que ne vous mariez-vous, mon cher Cadet-Bitard? dit à notre ami la vieille baronne des Andives qui lui porte un maternel intérêt.

— Hum! se contenta de répondre Cadet-Bitard, comme si un chat (ces animaux-là sont rancuniers) lui fût remonté à la gorge.

— Expliquez-vous, monsieur, continua la

grande dame sur le ton sévère d'une personne qui entend défendre la morale en toute occasion.

— En dehors de mes œuvres poétiques, fit enfin Cadet, je m'occupe de statistique, baronne. Voulez-vous savoir comment se solde, pour l'année qui vient de finir, l'exercice de mes observations? Sur neuf cent vingt-huit ménages soumis à mes investigations scrupuleuses, j'ai compté neuf cent un cocus.

— Par leur faute, mon enfant, par leur faute! reprit la baronne avec une vivacité extraordinaire. C'est toujours la même histoire et toujours l'homme qui est coupable de son propre désagrément.

— Cependant, il me semble que s'il n'avait pas une complice.

— Des bêtises, mon enfant! des bêtises. Les maris se relâchent immédiatement. Après avoir ouvert toute grande la porte du paradis, entre-bâillaient-ils, tout au plus, celle du purgatoire. Alors, il ne fallait rien montrer du tout. Mais vous, mon doux Bitard, n'avez pas à craindre l'effet désastreux de cette nonchalance soudaine, et s'il en faut croire votre renommée!...

— Baronne, répliqua Cadet-Bitard, sur un ton de fausse modestie, chaque passion a son caractère. Et il n'en est pas de même de l'amour que de l'ivrognerie, où, comme le dit avec beaucoup de vérité le proverbe : « Qui a bu boira. »

— Vous m'effrayez, mon enfant. Comment vraiment...?
— L'ombre de moi-même, tout au plus.
— Parbleu! reprit vivement la vieille dame, que vos éternelles drôlesses ne vous inspirent plus, la belle affaire! Toujours les mêmes amours trop savantes et les mêmes tendresses trop intéressées! Mais une jeune fille bien pure, bien naïve, bien toute à vous, et pour la première fois, et pour toute la vie, un cœur d'enfant dans un corps de vierge, l'âme d'une colombe pendue, avec la rosée, aux pétales d'un lys. Les lèvres où le papillon de toutes les puretés a laissé le pollen de ses ailes! toutes les neiges de l'innocence devenues marbre dans un corps impollué... Que sais-je! Cela ne vous dirait rien? Êtes-vous donc plus vieux que le roi David lui-même?... Voyons, Mlle de Mottefessier, par exemple?

— La fille unique de la belle Mme de Motte-fessier!

— Jolie fortune, Cadet, et candeur garantie. La mère a su les inconvénients de faire parler de soi, pour une femme du monde, et je vous réponds qu'elle a veillé sur sa fille, avec la double autorité de l'expérience et de l'amour. Mélanie est tout simplement un trésor... Blonde!

— Hum! recommença Cadet-Bitard, comme si le matou vindicatif eût recommencé ses représailles.

— Oui, je sais, mon enfant, que vous faites profession de n'adorer que les brunes. Et vous vous plaignez d'être arrivé à la satiété! Toujours des cheveux noirs, des yeux noirs!... Essayez-moi un peu des cheveux d'or et des yeux d'azur. C'est une nouvelle Aurore qui sourit à votre rêve après les délices trop longtemps savourées de la nuit. Voyons, vous qui êtes matinal!

— Quel âge a Mme de Mottefessier?

— Vous voulez dire : Mélanie? dix-huit ans depuis deux jours.

— Non. Madame sa mère?

— Vous êtes trop pressé d'hériter, Cadet,

mon garçon. Mme de Mottefessier n'a pas quarante ans et son mari en a soixante à peine. Mais il y a la fortune de la tante Pétaud, née de Mottefessier, laissée à la petite en héritage. Voyons, voulez-vous que je vous présente comme prétendant ?

— Si vous voulez, baronne. Mais je vous ai prévenue.

Et Cadet-Bitard autorisa la vieille dame des Andives à entamer des négociations, dès le lendemain.

II

La baronne n'avait rien dit de trop des charmes vertueux de Mlle Mélanie. On ne pouvait imaginer un être d'une candeur plus parfaite, une innocence plus agréablement enveloppée de rayons d'or et de blancheurs. Ses nénés étaient deux tout petits Hymalayas et il semblait que le cœur qui battait dessous dût avoir la forme d'une rose paradisiaque. Les anges invisibles devaient venir boire à l'azur de ses yeux, comme à une source plus pure que celles mêmes du ciel. Marie de Bethléem, enfant, devait être ainsi coiffée d'un nimbe. C'est un monde de sacrilèges et de profanations qu'un vicieux fervent eût conçu devant cette idéale créature.

Quel contraste avec celle qui avait été — et était encore — la belle Mme de Mottefessier, sa vénérable mère! Dans tout l'éclat d'une maturité triomphante, celle-ci semblait un noble poème de chair auprès de cette délicieuse litanie. La belle moisson de gerbes amoureuses entre ces durs bras d'ivoire vivant ayant pris l'inflexion divine des caresses, sur cette bouche légèrement épaisse et dont le baiser avait plus largement ouvert le rouge fruit, le long de ce corps aux chaleurs transparentes où le sang mettait comme les pointes de coquelicots dans les blés, dans l'étreinte de ces formes façonnées aux voluptés saines et toujours vibrantes! De la pointe de ses cheveux sombres à la nacre rose de ses talons, Mme de Mottefessier était, pour un clerc, la tentation dans ce qu'elle a de plus irrésistible et de plus rassurant à la fois. Aucune coquetterie méchante dans la légitime fierté d'elle-même, visible à la sérénité de ses traits. Avec cela l'enjouement qui vient du temps bien rempli et de la jeunesse fructueusement employée.

A la première soirée qui fut officiellement donnée pour la présentation de Cadet-Bitard, après un tour de valse avec celui-ci durant lequel il s'était saoûlé des montantes odeurs de cette admirable créature, en se laissant tomber sur une causeuse, son éventail renversé, grand ouvert sur ses genoux, elle lui avait dit avec une franchise charmante :

— On m'a dit, monsieur Cadet-Bitard, que vous souhaitiez entrer dans ma famille.

— En effet, madame, répondit Cadet en se fouettant le dessous de l'aisselle de son gibus.

— Et c'est, tout naturellement, en épousant mon unique fille...

— Non, madame.

— Alors, je ne vois pas.

— Mais en faisant votre mari cocu, madame, si j'ose m'exprimer ainsi.

Et Cadet-Bitard accompagna cette déclaration d'une mimique tout à fait passionnée.

Mme de Mottefessier eut un sourire qui n'avait rien de naïf :

— Vous aimez, je le vois, les familles nombreuses, monsieur,

— Eh bien? fit Cadet-Bitard anxieux.

Elle lui tapa affectueusement sur les doigts, en lui disant :

— Vous n'êtes pas bête, vous!

Et quand, quelques instants après, l'excellente baronne des Andives vint curieusement demander à son amie le résultat de l'entretien.

— J'ai autorisé, fit celle-ci, M. Cadet-Bitard, qui me paraît un jeune homme très convenable, à venir ici autant qu'il voudrait. Il désire étudier le caractère de Mélanie, et je ne suis pas fâchée moi-même, dans l'intérêt de ma fille, d'étudier le sien.

III

Le pauvre Mottefessier avait été tellement cocu dans sa vie que ça ne comptait plus, pas plus que le coup de bouton sur le plastron d'un maître d'armes. Toute plantation nouvelle dans les bois domaniaux passait aussi

inaperçue que celle d'un brin d'herbe dans
la forêt de Fontainebleau. Rien n'eût donc
été changé dans les habitudes du ménage, si
cette sacrée baronne des Andives n'avait crié
partout que Cadet-Bitard était venu pour
épouser Mlle Mélanie. Il ne semblait extraordinaire à personne que la belle Mme de Mottefessier s'enfermât de longues heures avec
notre ami et sortît, de ces entretiens savoureux, avec toutes les langueurs délicieuses du
désir apaisé sur le visage, le bleu sombre des
yeux débordant jusque sur les joues, et les
lèvres sèches comme des fleurs que le soleil
a brûlées. C'était une habitude de la maison
qu'il en fût ainsi. Mais ce dont on pouvait
s'étonner, c'est que les mois — nous avons
franchi plusieurs mois, sans les compter —
passassent sans que le mariage parût avancer
le moins du monde. Les amis de Mélanie
l'interrogeaient curieusement sur l'attitude
de son fiancé. La plupart étaient moins idéa-
lement dindes qu'elle et lui posaient d'insi-
dieuses questions. Mélanie, ennuyée à la fin,
en parla à sa mère. Mme de Mottefessier qui,
— il lui faut rendre cette justice, — avait en
horreur ce faux inceste si commun dans le

monde, des mères mariant leurs filles à leurs anciens amants — répondit impatientée elle-même : — « Ma pauvre enfant, M. Cadet-Bitard a de sérieuses raisons pour ne se marier jamais. » Mélanie communiqua cette nouvelle à ses compagnes qui la commentèrent furieusement. La plus futée, Mlle Lili Passepot, qui avait pris son brevet d'institutrice, raconta à ce propos à ses petites camarades l'histoire touchante d'Abélard. On se rangea à l'avis qu'il s'agissait d'une histoire pareille. — Pauvre garçon! dirent en chœur les fillettes; et dans tous les yeux, à la fois compatissants et malins qui ne le perdaient plus, Cadet-Bitard eut pu lire cette exclamation des âmes: Pauvre garçon!

La belle Mme Mottefessier faillit s'étrangler de rire quand cette rumeur monta jusqu'à ses oreilles distraites. Elle trouva plaisant d'en parler à son mari qui, excellent homme, une heure après, en se mettant à table, serrait, plus fort encore que de coutume, les mains de Cadet-Bitard, en lui répétant : Pauvre garçon! Celui-ci commençait à ne rien comprendre à cette pitié générale qu'il avait conscience de mériter si peu, quand sa maîtresse lui en révéla la cause, dans un accès de tendre hilarité. Un sot se fût mis en colère et eût protesté. Mais Cadet-Bitard entrevit, du premier coup, tous les avantages réels qu'il pourrait tirer, dans la vie, d'un ridicule apparent. La curiosité de vérifier le fait lui amènerait certainement autant de femmes que la bonne volonté originaire d'un sexe charmant mais fragile. Et comme ce qu'il leur réserverait serait bien tout le contraire d'une désillusion ! Les maris l'accueilleraient ainsi en toute confiance et les femmes n'auraient pas à se repentir de leur courageuse incrédulité. Loin de s'offenser d'un bruit qui sauvait, d'ailleurs, pour le présent, la bonne renommée de sa maîtresse, il l'accrédita par mille réflexions ambiguës, par un tas de fausses mélancolies, par l'histoire d'une chute de cheval dont il n'avait jamais parlé auparavant. Affreusement hypocrite, dans l'espèce, comme vous le voyez, il n'en ajoutait pas moins, au manuscrit de ses *Sonnets fantasques*, celui-ci qui aurait pu compromettre sérieusement, — si cela eût été à faire, — la belle Mme Mottefessier.

Maturitas

C'est un menu d'ambassadeur
Qu'une pucelle à la peau fraîche.
Mais je suis malhabile au prêche
Dont il faut vaincre sa pudeur.

L'excès même de ma ferveur
Pour tant de chasteté m'empêche.
Mieux que le duvet, dans la pêche
Du fruit j'adore la saveur.

Laissant les fleurs aux branches vertes,
Je vais, par les routes ouvertes
Au pêcher qui me tend ses bras.

Et, plus facile à satisfaire,
En amour surtout, je préfère
Un « Tiens » même à deux « Tu l'auras » !

Seule la baronne des Andives, qui avait monté la tête à la pauvre Mélanie, n'est pas satisfaite. Elle a témoigné, à Cadet-Bitard, sa mauvaise humeur du rôle ridicule qu'il lui avait fait jouer.

Mais celui-ci se contenta de lui répéter, tout en roulant une cigarette :

— Baronne, je vous avais prévenue !

CONFÉRENCE INTIME

I

— Comment se peut-il faire, monsieur Cadet-Bitard, qu'avec vos connaissances si renommées en économie sociale, vous n'ayez pas été tout naturellement désigné pour faire partie de la Conférence de Berlin ?

C'est dans le salon, essentiellement politique, du sénateur Follavoine que la charmante Mme Miroton adressa à brûle-pourpoint cette question à notre ami.

Cadet se rengorgea discrètement dans sa cravate et sur le ton de la plus fausse modestie :

— Mes travaux, répondit-il, madame, ne sont appréciés que de quelques délicats et n'ont pas fait encore leur chemin en haut lieu. De plus, le gouvernement a eu vent, je crois, de l'intention que j'avais eue de fonder la Ligue des Joyeux Patriotes dont je vous dirai le but tout à l'heure, et redoutant quelque embarras diplomatique de cette institution, cependant très innocente, m'a su mauvais gré de mon initiative. Enfin l'empereur d'Allemagne ignore vraisemblablement que je me suis occupé, et m'occupe plus encore aujourd'hui, du sort des ouvriers allemands en France que lui-même, sans quoi il eût insisté certainement que je fusse convoqué à ces pacifiques assises.

— Et comment, s'il vous plait?

— Mais en faisant cocus, madame, tous ceux que je peux surprendre dans le secret de leur nationalité. Ah! les mâtins se méfient de ma protection! Tailleurs, bottiers, emballeurs, à les entendre, ils sont tous Alsaciens-Lorrains. Mais je fais ma petite enquête, je creuse la question et, une fois sûr de mon fait, ou à peu près — car, en cette matière, il n'est pas autrement désagréable de se tromper et de tromper même un ancien compatriote — aucun d'eux n'échappe à ma bienveillante sollicitude. Si je trouvais beaucoup de gaillards aussi disposés que moi à cette revanche amiable, la Ligue des Joyeux Patriotes serait fondée. Nous aurions pour signe de ralliement le cerf poméranien, un des mieux pourvus de bois du monde entier. Pour devise, comme le grand roi : *Nec pluribus impar!* Nous tiendrions des conciles œcuméniques et publierions un journal : *Les Cornes du Rhin*, lequel serait envoyé gratuitement à tous nos clients. La liste des cocus annuels serait imprimée dans un supplément luxueux avec numéros d'ordre. Ces numéros serviraient au tirage d'une tombola et des attributs d'honneur seraient décernés au gagnant. Oui, certes, si l'élève révolté de Bismarck se doutait de ce que je fais et veux faire pour les petites gens, ses sujets, qui viennent gagner, chez nous, cahin-caha, leur chétive et méprisable vie, c'est moi qu'il eût fait asseoir, à sa droite, au banquet d'honneur qu'il a offert aux délégués étrangers.

Et, levant les mains, dans un geste emphatique que Ledru-Rollin n'eût pas désavoué :

— Le vrai socialisme, dit-il, est là?

Quoique peu bégueule, comme toutes les femmes qui ont lu Zola, Mᵐᵉ Miroton le regardait, interdite.

S'échauffant alors au feu de sa propre idée, Cadet-Bitard continua comme il suit :

II

— Vous voyez ce pantalon, madame. Il n'a pas l'élégance des coupes françaises, mais l'étoffe en est solide; il m'ira mal longtemps; il a servi à mon œuvre philanthropique et a de plus, pour moi, le prix singulier d'un souvenir d'amour. En pourrait-on dire autant de beaucoup de culottes? C'est sur mon cœur que je devrais mettre celle-là, si c'était la coutume!

— Pas devant moi, je vous en prie, fit la charmante Mᵐᵉ Miroton, inquiète.

— C'était rue du Petit-Carreau. Une femme charmante, qui passait dans la rue, un paquet proprement replié sur le bras: tête nue, une admirable chevelure châtain clair qui lui jaillissait de la nuque, en coulées d'or fauve. De grâce un peu robuste, elle marchait devant moi, avec la langueur exquise des femmes un peu replètes, et, sur le roulis ondulant, dans son épaisseur, de ses formes, mon rêve s'embarquait comme un navire sur une mer caressante. Une boue providentielle la forçait à se retrousser légèrement et c'était merveille que la chute de ses mollets copieux vers la finesse des chevilles, le pied petit et bien cambré vibrant sous le poids qu'il soutenait, ferme cependant et résolu dans sa marche. Ainsi ressemblait-elle à une perdrix dans un sillon, le dos un peu tendu d'un mouvement frileux. Je n'en vis d'abord qu'un profil perdu, quand elle s'arrêta brusquement pour regarder des images. Je la devançai en descendant du trottoir, et les grâces de son visage justifièrent la bienveillance de mes pressentiments. Le teint était d'une matité exquise, les yeux d'un velours délicieusement mouillé, la bouche un peu charnue et souriante comme on aime à la sentir sous le baiser. Sous une porte étroite elle disparut et, comme le berger qui marche à l'étoile, je me précipitai derrière elle, dans une ombre légèrement humide de maison sans air et trop peuplée. Mais je respirais, sur sa route, l'immatériel parfum de ses pas. L'escalier était tortueux et, sur sa rampe, luisante de graisse, je la vis avec une pitié profonde poser sa petite main grassouillette que quatre fossettes ponctuaient. Les caprices du spiral me permirent, à moi, monteur volontairement nonchalant de cette échelle, quelques points de vue nouveaux, dans l'engouffrement des jupes, et comme les fauves des cages, de la chair fraîche, je n'étais séparé de cette tentation que par les barreaux de fer qui soutenaient la rampe crasseuse et me faisaient prisonnier. Je vis, Dieu me pardonne, jusqu'à la jarretière nouée au-dessus du genou rond sous lequel le bas était étroitement tendu. Comme les convenances et le respect de la beauté qui m'est naturel, m'empêchaient d'être absolument sur ses talons, c'est le bruit d'une porte se refermant qui sonna, pour moi, le glas des adieux. Deux secondes après, j'atteignis cette porte encore frémissante du coup qui l'avait repoussée, et où je lisais ces mots, sur une plaque de cuivre : MUCHMACKER, *tailleur à façon*.

Après un moment d'hésitation, je sonnai. Ce fut elle qui vint m'ouvrir et ce fut comme une bouffée de printemps qui me soufflait au visage, après cette ténébreuse ascension dans un séjour aussi triste que l'hiver. Toute lumière venait d'elle, dans la clarté qui déchira cette ombre.

— Vous demandez mon mari ? fit-elle d'une voix très douce et sans accent, comme celle des filles qui habitent déjà Paris depuis longtemps, sans y être nées. Aucun écho de Montmartre ne vibrait, en effet, dans la sienne.

Et elle ajouta, avec une simplicité parfaite, un charme d'honnêteté accompli :

— Je vais appeler monsieur Müchmacker.

III

— Aveg un boche de goté?
— Si vous voulez.
— Et une gollet de felours?
— Parfaitement.

Je l'écoutais bien, parbleu! l'animal à la barbe jaune, le Neptune pisseux qui me prenait mesure d'un paletot! La voix charmante de sa femme chantait toujours seule à mon oreille. Penchée sur un haut pupitre, elle écrivait les mesures, semblant rêver elle-même à autre chose et les yeux sur la fenêtre où le vent balançait les dernières fleurs d'une azalée, souvenir de fête probablement. La croupe qu'elle tendait, dans ce mouvement, était d'une inflexion victorieuse.

— Quand foulez-vous ezayer?
— Demain.

Et je sortis, me promettant que le pardessus ne m'irait pas de longtemps et aurait besoin de nombreuses retouches. Je revins le lendemain, en effet, et le surlendemain encore et je me disais : Eh bien! j'en commanderai un second quand celui-là sera fini, et un troisième s'il le faut, jusqu'à ce que je me trouve un instant seul avec elle.

Le moment tant attendu vint plutôt que je ne l'espérais. Est-ce involontairement ou non que je me trompai d'heure? — Il y a de nombreuses hypocrisies dans la fatalité qui protège quelquefois les amoureux. — Toujours est-il que M. Müchmacker n'était pas là et qu'elle m'engagea à l'attendre. C'est tout ce que je souhaitais, et sans tarder un instant de plus, je lui peignis, avec infiniment de flamme, les sentiments qu'elle m'inspirait. Mais, sans se fâcher d'ailleurs, elle se contenta de me regarder avec des yeux tristement étonnés, et de me dire :

— Laissez-moi, je vous prie. Ce que vous faites n'est pas bien.

Je voulus ajouter un peu de pantomime à mon discours; mais elle repoussa mes mains toujours sans colère et en me répétant :

— C'est mal! restez donc tranquille.

Le respect me gagnait. Une inquiétude de

contrister une honnête créature, ce qui est toujours fâcheux. Avant de renoncer à mon dessein, je lui demandai, très gravement, ma foi :

— Votre mari est bien Alsacien-Lorrain, comme il me l'a dit?

— De Strasbourg, oui, monsieur.

Une inspiration soudaine, le courage du désespoir, l'audace qui donne le dernier coup d'une partie perdue me vinrent à l'esprit et au cœur.

— Tu mens! m'écriai-je, en la regardant bien les yeux dans les yeux. Tu mens! Il est Allemand.

Elle devint très rouge et me dit :

— Comment le savez vous? vous êtes donc de la police?

Je ne relevai pas ce mot injurieux; mais lui prenant une main qu'elle abandonnait, je ne sais pourquoi, je lui parlai avec une pitié infinie et qu'elle parut comprendre, elle qui était si bien de race française, de par sa voix charmante, de par sa main petite et potelée, de par son pied nerveux et fin! Et, mon Dieu, quand elle vit que je prenais aussi bien la chose, elle me confessa qu'on l'avait mariée, malgré elle, toute jeune, pour s'en débarrasser, la famille étant pauvre. D'ailleurs il n'était pas méchant...

Je l'arrêtai net, et un véritable torrent d'éloquence me montant aux lèvres, je lui montrai la rédemption d'une telle faute dans un baptême d'un genre nouveau, et dans une régénération dont je tenais le secret à son service. Elle ne pouvait réparer le crime de sa famille que par une bonne greffe de souche nationale, par une infusion de belle sève gasconne, bourguignonne ou provençale, comme en portent les ceps de nos vignes où coule le sang même du soleil! Faire des enfants français même à nos hôtes maudits! Je lui montrai la grandeur de cette tâche digne d'une Romaine. Ainsi la race revivrait dans des rejetons d'une bâtardise sublime comme les plantes épuisées qui se renouvellent en des germes sauvages, et le guy héroïque du vieux chêne gaulois étoufferait les feuillages obscurs et sans ciselure du houblon!

C'est dans des baisers mal défendus que se termina ma patriote harangue. On ne parle paz assez raison aux femmes. Quand le doux Müchmacker rentra, dans un parfum de bière tiède, et « son bibe à la puche », il était ce qui convient. Je lui commandai, incontinent (plus que jamais) un gilet et une culotte — la culotte que voici, madame, et que sa délicieuse épouse a voulu coudre elle-même secrètement, par amour. Elle l'appelle son reliquaire. Grâce à ma conférence pratique,

Herr Milchmacker ne manque plus de commandes. La question sociale est résolue pour lui, et il dit en parlant de moi :

— Guel vilandrope!

Et Cadet quitta brusquement la charmante Mme Miroton pour aller écrire, dans un coin, ce sonnet nouveau qui lui venait à l'esprit et qu'il craignait d'oublier :

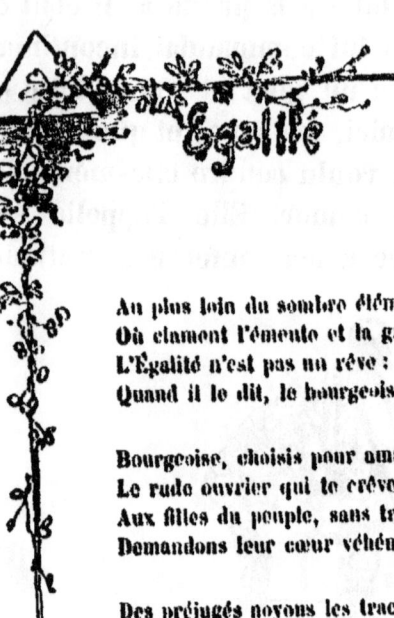
Égalité

Au plus loin du sombre élément
Où clament l'émeute et la grève,
L'Égalité n'est pas un rêve :
Quand il le dit, le bourgeois ment !

Bourgeoise, choisis pour amant
Le rude ouvrier qui te crève.
Aux filles du peuple, sans trêve,
Demandons leur cœur véhément.

Des préjugés noyons les traces !
En mêlant les sangs et les races,
Ravivons les sucs épuisés !

Les Hommes sous la loi commune,
Inégaux devant la fortune,
Sont égaux devant les baisers !

L'ACROBATIE

I

Que les sots et les marchands de chaussettes en pensent ce qu'ils voudront. Il est certain que la mercerie n'a pas ses poètes et que l'acrobatie a les siens. Je n'en veux pour exemple que l'admirable artiste qui, chaque soir, en ce moment, au Nouveau-Cirque, suspend, à la fantaisie de ses aériennes voltiges, l'âme de tous les rêveurs et de tous les chercheurs d'étoiles. Impeccable plastiquement, elle sait ne pas violenter cette belle et majestueuse harmonie des formes par l'incohérence des mouvements. Aucun de ces tours de force pénible qui nous font souffrir pour l'inguérissable faiblesse de ce

> Corps féminin qui tant est tendre,
> Polly, souef et précieulx !

comme disait Villon ; mais les poses de l'antique Diane descendant, à travers les nues, vers la couche fleurie d'Endymion, un pied en l'air où l'on cherche l'aile de Mercure. Comme une bergeronnette qui se balance à la cime d'un jonc, elle suit le caprice rythmique du trapèze où elle est posée, ses mains en ayant abandonné les cordes et cherchant l'équilibre comme celles d'une vierge qui cueille d'invisibles fleurs. Cette sérénité de déesse et cette envolée dans l'espace me paraissent un spectacle autrement littéraire que les opérettes où s'égosillent les péronnelles contemporaines, et il m'indigne que la critique et le reportage théâtral ne nous fassent grâce d'aucun fait ou geste de celles-ci, tandis que nul ne songe à louer d'un public hommage cette petite fille des Immortelles

osant révéler sa beauté dans une façon de
nudité olympienne et tentant, dans l'air
étonné, le réveil des pyrrhiques d'antan que
cadençait la musique saine des lyres. Qu'on
ne me vienne pas dire que celle-là n'est pas
hantée de quelque rêve inconscient et d'un
désir fou d'infini tangible, alors qu'elle ondule
comme une feuille de saule au vent d'automne, grisée par ce mouvement de balan-
cier qui l'emporte, par ce vide qui la guette
sans l'épouvanter, par cette image de notre
être soumis à des fatalités éternelles et dont
les périls même ne sont pas sans volupté. Et
volontiers la comparerai-je au marin qui sait
bien que la mer sera sa tombe et qui s'y
endort comme dans un berceau.

Il était nécessaire, urgent, et même com-
mandé par la logique des choses, laquelle
n'admet pas d'éléments inférieurs, que notre
Cadet-Bitard s'éprit impertinemment de cette
curieuse personne. Et ne manqua-t-il pas de
composer, pour elle, un de ces sonnets où
s'exhalent, sur des modes différents, l'uniforme exubérance de son âme, et que voici :

Sonnet

Sans que ton doux fardeau lui pèse,
Avec des langueurs de roseau,
Comme fait la branche à l'oiseau,
Te berce le vol du trapèze.

Durant que le bourgeois obèse,
Melon planté sur un fuseau,
Vers Toi lève son laid museau,
Jusqu'à tes pids légers qu'il baise

Mon désir monte lentement,
Étoile dont le firmament
Est fermé de mouvantes toiles,

Corps féminin, blancheur d'éclair
Qui, d'un Rêve, traverse l'air,
Comme la fuite des étoiles !

Et, par la poste, il lui adressa ce poulet rimé, en lui demandant un rendez-vous, comme il eût fait absolument à une modiste. Mais de ce que les belles acrobates sont, comme je l'ai dit, des poètes, il ne s'ensuit pas qu'elles aiment nos vers, surtout quand ils sont écrits dans une langue qu'elles ne comprennent pas, bien que ce soit la langue des Dieux. Il ne reçut aucune réponse et conçut le doute affreux que le facétieux Médrano ou le malicieux Chocolat eût fait de son sonnet un cornet de papier pour en amuser le monde, en le posant en équilibre sur son nez.

II

Alors sa passion, exaspérée par le silence, prit les proportions les plus inquiétantes pour sa raison. Il se ruina en bouquets qui ne lui valurent pas une meilleure récompense. Il ne quitta plus les environs de la piste et se fit remarquer d'une administration que l'Europe nous envie, pour le souci qu'elle a de la morale. Médrano lui jeta un de ces regards obliques, à l'espagnole, qui ressemblent fort à des coups de couteau, et Chocolat lui riboula de petits yeux blancs qui sentaient leur cannibale. L'ombre de Léopold Loyal le menaçait d'une invisible et vengeresse chambrière. Mais il ne faisait guère attention à cette méfiance où il était tenu par les autorités de la maison. Il était tout à son rêve fou et se demandait comment on pouvait espérer séduire une personne également inaccessible aux trésors de la botanique et à la musique des madrigaux. Il pensa tout à coup qu'une jeune personne élevée dans une telle religion de la plastique ne pouvait être sensible qu'à d'apolloniennes façons et médita de se révéler, à elle, dans la sincérité de son corps viril, comme elle se montrait, à lui, sous l'inutile imposture du maillot. Elle se méfie de ce que cachent mes habits, se dit-il. Et, comme de vous à moi, Cadet-Bitard n'est pas un de ces freluquets qu'on pourrait loger à six dans le même paletot rembourré, mais bien un gars solide comme les sculpta Baffier, à son image, ayant des épaules, des reins et des mollets, il se mit à compter, démesurément peut-être, sur l'effet qu'il produirait en exhibant toutes ces choses, rares chez les hommes d'aujourd'hui. Mais comment s'y prendre avec une dame dont l'intimité est loin de vous être encore acquise? Les amoureux fervents ont des minutes de génie. Par des merveilles de machiavélisme pratique, Cadet parvint à s'enfermer dans une loge d'artiste inoccupée, en ce moment, et voisine de celle de la belle trapéziste. Il s'y déshabilla à tâtons et choisit un moment où il n'entendait aucun bruit dans le couloir pour tenter le passage périlleux d'une loge à l'autre et effectuer la visite, vraiment sans façons, qu'il méditait. Car, même dans les hospitaliers salons où la jaquette est permise, il a été toujours interdit de l'enlever. Le cœur à la breloque, sans souffle aux lèvres, il poussa doucement la porte et s'alla bouter en plein dans le dos fleuri de Médrano qui méditait, dans ce lieu désert, un numéro à sensation. Celui-ci se retourna brusquement en poussant un de ces jurons andalous que Montmartre n'a pas oubliés, et Cadet-Bitard, éperdu, n'eut d'autres ressources que de se précipiter au hasard dans un escalier, abandonnant ses effets dans la loge violemment refermée et ayant cette chance insigne que son agile ennemi ne put le poursuivre, ayant été appelé en scène juste dans ce moment-là.

Il grimpa! il grimpa! il monta au hasard de ses pas précipités, sans savoir, heureusement encore sans rencontrer personne, et se réfugia enfin dans les combles, sous une façon de hangar où quelques costumes hors de service étaient abandonnés.

Et là, il se mit à réfléchir douloureusement sur sa situation. Tout à coup, un déguisement d'ours jeté là avec les autres, le tira de sa mélancolie. Il se frappa le front, en murmurant l'antique *Eurêka*.

III

Comment cette tenue de plantigrade sibérien se trouvait-elle là? Bien naturellement, comme tout ce que je raconte. Tout le monde se rappelle que M. Duquesnel avait failli prendre un instant la direction du Nouveau-Cirque. Il y avait même eu un commencement d'exécution à cette idée. Le hardi novaeur de la Porte-Saint-Martin avait immédiatement conçu le plan de reprendre une nouveauté qui s'appelle l'*Ours et la Sentinelle* et qui avait été un des grands succès d'Oriol à ses débuts. Il avait même acheté ce premier accessoire, immédiatement mis au rebut avec mépris. Or, Cadet-Bitard qui, tous les soirs, pendant ses poses amoureuses autour de la piste, entendait les conversations entre gens de la maison, avait appris ainsi qu'on attendait un jeune ours que le dompteur en renom avait parié atteler à son char avec ses lions. Car le Nouveau-Cirque nous donne aussi cette admirable spectacle, renouvelé des légendes fastueuses de Suétone, d'une façon d'empereur romain emporté, à travers l'arène sur un tridige trainé par des fauves grondants, aux reins souples et dont la cravache semble faire jaillir de magnétiques étincelles. Se faire passer pour cet ours était son unique moyen de sortir d'affaire. Ne vous récriez pas et froidement mettez-vous à sa place. C'est une chose absolument grave, pour un homme bien élevé et tenant au monde des lettres, qu'être surpris tout nu, dans un endroit public où il y a des dames.

Ça vous vaut deux ans de prison, comme rien du tout, pour attentat à la pudeur. Et sans séjour gastronomique à la Conciergerie! sans coupé pour vous conduire à Clairvaux! sans aucune de ces attentions délicates qui font de la détention une nouvelle formule de politesse! Peste! on peut faire beaucoup de choses pour éviter de fabriquer de vils chaussons de lisière pour les goujats qui en portent. Ah! si c'était encore de jolis petits souliers pour les dames, de mignons escarpins où l'on cacherait des baisers en leur souhaitant d'aller à des pieds comme les vôtres, marquise, délicieusement veinés d'azur et les ongles pareils à des pétales de corail transparent! Mais ces vilaines gaines à mufles qui engloutiront de lourds sabots! Tout est bon pour éviter cette déshonorante destinée, que couronne quelques années de surveillance et que consigne ce joli compagnon de route, dans la vie, qu'on appelle un casier judiciaire. Mais, pourquoi, me direz-vous, votre Cadet-Bitard ne prenait-il pas plutôt un autre costume? Parce qu'aucun de ceux qui était là, à sa portée, ne comportait une culotte, et, qu'eût-il revêtu la plus élégante veste de toréador, du moment qu'il restait les fesses et le bas ventre nus, il demeurerait véhémentement répréhensible et sous le coup de la loi. Ce n'est pas sur les épaules que se portent les feuilles de vigne.

Le voilà donc et ours et résigné à tout pour s'assurer une retraite honorable et sans police correctionnelle au bout. Sur les molles semelles qui garnissent ses pattes velues, il descend sans bruit. Justement le dompteur venait de faire son émouvante entrée, précédée de lions qu'un admirable chien danois garde comme des moutons, et l'attention est si bien dirigée ailleurs que sur lui — aussi bien celle du personnel du cirque que celle du public, — que notre Cadet a pu parvenir jusqu'à l'entrée des artistes et des chevaux sans être remarqué. S'il pouvait seulement chiper un pardessus posé sur une rampe. S'approprier un chapeau laissé là par mégarde! un mouchoir sur le museau, comme s'il avait mal aux dents, et il gagnerait la sortie, sans que personne eût remarqué qu'il portait un pantalon à pieds! O fatalité! Le pétulant Médrano se retourne tout à coup et l'aperçoit :

— Té! l'ours! fait-il. Il est arrivado!

Et avant que Cadet-Bitard ait eu le temps de dire: ouf! aidé du perfide Chocolat, Médrano, entr'ouvrant l'élégante porte de fer, l'a poussé dans la piste. Le chien danois accueille la nouvelle brebis en lui mordillant légèrement le derrière avec de joyeux aboiements. Le dompteur qui s'imagine que le moment de tenir son pari est venu, s'assure de la docilité de son nouveau pensionnaire, en lui allongeant quatre ou cinq bonnes cinglées dans les jarrets. Cadet-Bitard, toujours dans la peau de son personnage, mieux qu'aucun comédien parmi les plus grands ne s'y est jamais tenu, exécute quelques cabrioles de douleur qui font se tordre de rire les sentimentales demoiselles des fauteuils et du foyer. Le chariot du triomphateur est amené. Comme on se méfie d'un coursier qui débute, c'est Cadet-Bitard qu'on ficelle étroitement dans le brancard annelé du milieu et c'est lui qui reçoit, pendant toute la durée de la course, la meilleure cravachée. Il a d'ailleurs un succès fou et plusieurs dames mûres, qui font des manières, déclarent à leurs amants qu'elles en veulent un pareil. On vous en collera, vieilles toupies! Le pauvre diable, misérablement essoufflé, est obligé de reparaître deux fois, sous un torrent de bravos. Le petit roi de Mingrélie, qui se trouvait dans l'assistance, donne le cordon de commandeur de son ordre national au dompteur glorieux. On cherche le joli ourson pour lui donner du sucre. Mais Cadet-Bitard a enfin réalisé son rêve de fuite. A peine dételé, il a volé le paletot de Médrano, le fez de Chocolat et pris de la poudre d'escampette.

Mais ne croyez pas qu'il ait renoncé à l'amour de la belle trapéziste.

Les femmes, c'est, en tout, comme les enfants; mais surtout en cela que celles qu'on aime le plus sont celles pour qui on a le plus souffert.

DISTRACTION

I

— Oui, ma chère Palmyre, j'entends absolument que vous fassiez connaissance avec mon ami Cadet-Bitard.

— Ce jeune homme qui, à la suite d'un accident de cheval, a perdu... A quoi bon ?

— Je vous remercie. Eh bien, justement, cette fâcheuse aventure a rendu Cadet-Bitard sympathique à tout le monde. Pauvre garçon !

lui qui aimait tant les belles filles ! Ah ! sans cette excellente Mᵐᵉ de Mottefessier qui l'a recueilli, quelle triste vie serait la sienne ! On le fête cependant partout. Les amants, qui n'ont plus rien à craindre et qui jouissent de son esprit demeuré intact, se le disputent maintenant. Il est, en tiers, de toutes les parties fines. Vous verrez quel aimable garçon c'est. Je vais l'inviter pour ce soir. Nous dinerons tous les trois, en cabinet particulier. Vous sied-il, mon amour, que ce soit au Café de Paris où à la Maison d'Or? je vais retenir un cabinet. Chez Tortoni ? Soit ! Je vais écrire qu'on nous garde le numéro 9 qui donne sur le boulevard.

Et l'excellent vidame Gaëtan des Venettes composa deux épitres sur l'heure, l'une pour son ami, l'autre pour le restaurateur. Il les cacheta et les glissa dans la poche droite de son paletot, se disposant à sortir tout à l'heure et devant profiter de l'occasion pour les jeter dans la boîte.

Puis se rapprochant de Mˡˡᵉ Palmyre et lui prenant affectueusement les mains.

— Vous savez que ce pauvre Cadet-Bitard a conservé, vis-à-vis des dames, des façons conquérantes et entreprenantes que nous sommes convenus, nous ses amis, de tolérer, sachant le peu de danger réels qu'elles comportent. C'est une menue monnaie de l'Amour qu'il convient de lui laisser. Ne vous fâchez donc pas des familiarités qu'il pourrait avoir avec vous et recevez-les en bonne fille. Peut-être s'en fait-il accroire à lui-même et ce serait une cruauté de le priver d'une innocente illusion. Qu'il vous prenne le bout des doigts, le haut des coudes ou même des cuisses, ne vous en offensez, parbleu! pas plus que moi-même. Et maintenant à ce soir, ma toute aimée! Vous demanderez le n° 9, n'est-ce pas, et vous m'y trouverez probablement.

Ce disant, le vidame Gaëtan des Venettes baisa la main de sa belle amie et sauta dans son coupé.

II

Comme il l'avait prévu, d'ailleurs, il arriva le premier au rendez-vous. Après lui Palmyre avait, comme lui, demandé le n° 9 et avait fait son entrée, suivi d'un garçon cérémonieux correctement vêtu de noir comme un notaire.

— Je vous attendais, ma mignonne, lui dit, le plus courtoisement du monde, le vidame Gaëtan des Venettes, et vais, maintenant que vous êtes arrivée, aller quérir des fleurs, que vous ne diniez pas seule.

Elle le voulut retenir; mais il avait déjà disparu.

Un instant après, un Monsieur entrait sans se faire annoncer, qui mettait un genou devant elle :

— Que vous êtes bonne d'être venue, madame!

— Bon! pensa-t-elle. C'est ce facétieux de Cadet-Bitard qui commence ses platoniques sottises.

Et se rappelant ce que lui avait prescrit son amant, elle se laissa prendre, sans résistance, les mains que le nouveau venu couvrit de baisers passionnés.

— Qui pourrait penser qu'il n'y a rien là-dessous? se dit-elle encore.

En effet, l'arrivant impétueux lui avait déjà enlacé la taille et d'une bouche brûlante cherchait sa bouche, avec des mots entrecoupés, sur les lèvres, qui étaient déjà une musique de baisers.

— Cache-t-il son jeu, ou plutôt le jeu qu'il n'a pas, songeait-elle.

L'impétueux visiteur, d'un tour de main impérieux, avait soulevé la jupe, emprisonnant la tiédeur de ses jambes contre sa poitrine haletante, enfermant ses petits pieds entre ses propres jambes, comme pour l'envelopper du fluide dont lui-même était possédé. Palmyre qui n'avait aucun des préjugés qui ont rendu Jeanne d'Arc fameuse dans tout l'Orléanais, avait fermé les yeux et s'abandonnait à cette étreinte folle... Tout à coup, le vidame Gaëtan des Venettes fit irruption, ayant, entre les bras, une énorme touffe de lilas qu'il laissa choir de surprise et d'indignation :

— Que faites-vous là, misérable ? s'écria-t-il d'une voix pleine de colère, en bondissant vers l'impertinent convive.

— Quoi ! mon ami ! s'écria, avec un étonnement feint peut-être, la belle Palmyre, ce n'est pas...

— Monsieur le baron Guy de Lapétasse,

fit l'inconnu en se relevant sur un geste menaçant, et je vous demande, monsieur, ce que vous venez faire dans un cabinet que j'ai retenu hier pour m'y trouver avec madame.

— Par exemple, fit Palmyre, en voilà un impudent!

— Vous avez un fier toupet, mon bonhomme, ajouta le vidame outré.

— Alors, fit le baron, ce n est pas vous, madame, qui, à la redoute de samedi, ayant refusé toute la nuit de soulever votre masque de dentelle, m'avez promis de venir dîner aujourd'hui avec moi ?

— Pas le moins du monde, répliqua Palmyre.

— Et c'est moi, non pas vous, monsieur, s'il vous plaît, qui ai retenu le n° 9. Demandez, je vous prie, si vous en doutez, au gérant de la maison.

On fit venir celui-ci qui, ses livres consultés, affirma que c'était bien monsieur le baron Guy de Lapétasse à qui le couvert était destiné.

Fort interloqué, le vidame se frappa le front, sauta sur son pardessus et retrouva, dans la poche, les deux lettres qu'il y avait oubliées.

— Fort bien, monsieur le baron, fit-il, mais vous n'en avez pas moins manqué de convenances envers ma maîtresse et je vous serai obligé de m'indiquer l'heure où mes témoins auront l'honneur de vous rencontrer chez vous.

— A vos ordres, monsieur, répondit le gentilhomme.

Et on échangea ses cartes, pendant que Palmyre engloutissait les deux ailes d'un perdreau truffé servi entre temps.

En ce moment Cadet-Bitard entra.

— Toutes mes excuses d'être un peu en retard, balbutia-t-il sans même regarder.

— Comment! toi ici! Mais tu n'as pas pu recevoir ma lettre, puisque je l'ai retrouvée dans mon habit, s'écria le vidame qui sentait sa raison lui échapper devant tant d'événement incohérents.

— C'est moi qui avais invité monsieur, fit le baron; mon domino mystérieux avait exigé qu'il y eût un tiers entre nous, à cette première rencontre, et la situation particulière de mon ami Cadet-Bitard, qui inspire toute confiance, en occurence pareille, m'avait fait le choisir.

— Alors nous sommes entre amis, fit le plus rondement du monde Cadet-Bitard, tant mieux? Plus on est de fous, plus on rit et nous allons bien nous amuser!

Ce fut comme une douche tombée sur la colère du vidame et du baron.

— Artichauds Barigoulé! annonça le garçon qui n'avait pas cru devoir interrompre, pour si peu, la belle ordonnance du service.

III

— Artichauts! s'écria joyeusement Cadet-Bitard. Quelle chance! Ecoutez, mes compagnons! Et de la voix mélodieuse qu'il tira des profondeurs de son nez, il récita le sonnet suivant, l'accompagnant d'une mimique tout à fait expressive et bien trouvée :

L'Artichaut

Qu'on nous le serve, froid ou chaud
Voire cru, dans une poivrade,
C'est un savoureux camarade,
A table, qu'un bon artichaut.

Mangé, comme chez Dinochau,
Avec des truffes, en salade,
Il ferait... danser un malade,
Le mal qu'on en dit peu me chaut.

Si, feuille par feuille, il se donne,
Comme une volage personne
Dont l'amour est peu convaincu.

C'est son droit — Comme en vous, Palmyre,
Si de son cœur on peut médire,
Chacun rend justice à son cul.

Palmire, à ce compliment de haut goût, rougit en se passant coquettement les mains sur les fesses. Le vidame et le baron se tendirent la main, tant est fort le pouvoir de l'harmonie et dominatrice la voix des poètes sur les mortels.

Quand on grignota le dessert, arrosé de champagne, Palmyre murmura tout bas à l'oreille de Cadet-Bitard :

— Vous savez, je n'ai rien dit, mais la dame au domino c'était bien moi. J'avais oublié le rendez-vous de cet imbécile.

Et comme Cadet-Bitard lui prenait la cuisse avec une inquiétante ferveur :

— Quel dommage ! soupira-t-elle en le regardant avec des yeux pleins d'une indicible tendresse.

Il lui prit la main doucement sous la table et, tout à coup, elle s'écria : Ah !

Puis, elle dit tout haut, mais comme à elle-même :

C'est une drôle de farce tout de même d'avoir inventé ça !

QUIPROQUO BRABANÇON

I

— Vous qui revenez de Bruxelles, cher baron de Cadet-Bitard (tout le monde se donne du baron et du vicomte chez Mme de Houstampille, à cause des domestiques) — que pensez-vous de *Salammbô*, demanda vivement à notre ami la jolie marquise de Minet-Braizé.

Fort sérieux, pour cette fois, Cadet-Bitard répondit :

— J'en pense, marquise, ce qu'en ont dit tous les gens de bonne foi : à savoir que c'est l'œuvre d'un très noble esprit et faisant le plus grand honneur à l'École française ; qu'on n'a rien écrit depuis longtemps d'aussi puissant et d'aussi sincère ; qu'un souffle du grand Gluck a passé par là. J'en pense encore qu'il est particulièrement honteux pour notre Opéra d'avoir laissé un drame d'une telle tenue lyrique prendre ailleurs ses titres de naturalisation ; que d'ailleurs les deux directeurs qui l'ont monté là-bas, et qui n'ont jamais songé une minute à abandonner la fin de leur privilège, ont mis à la disposition de notre Reyer une interprétation qu'il n'aurait pas trouvée chez les deux Gaspards de la rue Auber, que madame Caron s'y montre admirable tragédienne, Vergnet grand chanteur, et Sellier, maintenant tout à fait en possession de son rôle et de sa voix, superbe sous les habits du mercenaire ; j'en pense enfin que *Salammbô* poursuit une carrière méritée qui ne saurait se terminer que sur notre première scène, quand les marchands auront été chassés du temple, ce qui ne saurait tarder.

— Oui, oui, oui, continua la jolie marquise, mais comme le livret est loin de l'admirable roman de Flaubert !

— Certes, marquise, et M. du Locle qui est, avant tout, un homme d'esprit, le sait mieux que personne. Mais vous savez ce qu'a dit le poète persan : « Je ne suis pas la rose, mais... » Non certes, ce n'est pas la rose, la grande fleur de poésie, toute rouge du sang des cœurs, que Flaubert avait fait jaillir du sol, infécond depuis tant de siècles, de Carthage; mais un peu du parfum de cette rose punique et vivante demeure à tout ce qui l'a seulement effleuré. On ne s'attaque pas aux chefs-d'œuvre sans leur voler quelque chose. C'est à la fois le crime et l'excuse des librettistes contemporains. Non, certes, l'épopée de *Salammbô* ne tient pas dans ce vase fragile et c'est un vin qu'il faut boire dans la coupe héroïque que le maître a lui-même ciselée. N'empêche qu'un peu de son arôme vous en monte aux narines et, que dans le second et le troisième acte, par exemple, on se trouve vraiment transporté en plein livre, revivant ces pages vécues et toujours admirées. On ne se baigne pas en plein Pactole sans rapporter quelques étincelles d'or dans ses cheveux. Et puis cela force à relire la vraie *Salammbô* et c'est une admirable leçon. Comme elle réduit bien à néant la prétention des farceurs qui se flattent de nous intéresser autant aux aventures d'un couple du Marais qu'à ces héroïques figures restaurées dans leur réalité savante, et vivant, par la foi du génie, une vie aussi intime que nous-mêmes! Nigauds de lettres qui ne se sont pas encore aperçus que la grandeur de Zola était surtout d'être un poète — aussi bien dans les dernières pages de *Germinal* que Flaubert d'un bout à l'autre de *Salammbô!* Toutes ces petites bonnes gens qui bâtissent, comme les enfants, des maisons en terre mouillée, sans se douter que leur maitre ne taille que dans le marbre, me donnent toujours envie de rire. Et tenez! marquise, je leur ai dit leur fait dans mon dernier sonnet que je vais avoir l'honneur de vous réciter.

Sonnet

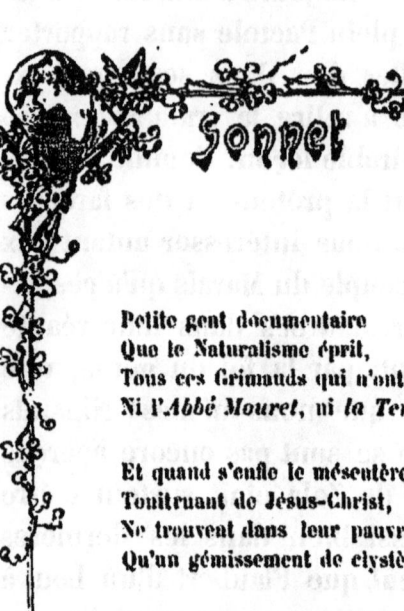

Petite gent documentaire
Que le Naturalisme éprit,
Tous ces Grimauds qui n'ont écrit
Ni l'*Abbé Mouret*, ni *la Terre*,

Et quand s'enfle le mésentère
Tonitruant de Jésus-Christ,
Ne trouvent dans leur pauvre... esprit
Qu'un gémissement de clystère,

N'ont pas trouvé la fin du fin.
Ils nous embêtent, à la fin,
Avec leurs contes de Carême.

Je n'en excepte que Zola
Que, d'eux, son génie isola,
Et qui, du moins, reste lui-même !

J'en ai assez de leur funèbre littérature et de l'ombre malsaine où ils travaillent, quand lui, le maître, sait si bien dresser son œuvre en pleine lumière, et, comme les peintres espagnols, faire si bien ruisseler l'or du soleil sur les haillons !

La jolie marquise de Minet-Braizé, qui n'était pas pour les conversations sérieuses, s'était doucement endormie sous son éventail, durant ce dithyrambe. Derrière le battement allangui de la grande aile de soie, son soufle égal semblait, seul, la bercer encore, sa belle main détendue demeurant immobile sur son corsage rythmiquement soulevé.

— Vous feriez mieux de nous conter une gaudriole ou quelque histoire d'amour, dit railleusement à notre ami le vicomte Guy des Etoupettes, en s'asseyant à côté de lui. N'avez-vous pas fait, en Flandre, quelque belle expérience de croisement de race, comme vous avez coutume en voyage ?

— Si fait ! répondit Cadet, mais je ne peux vous dire ça que dans un petit coin.

Tous deux se levèrent, ce qui réveilla la jolie marquise et lui fit dire avec la bouche en cœur :

— Que tout ce que vous avez dit m'a charmée, cher baron de Cadet-Bitard !

II

Et Cadet reprit, quand il fut dans le coin souhaité :

— C'est précisément pendant un entr'acte de *Salammbô*, que je conçus le projet de me reproduire dans un pays que j'aime assez pour souhaiter d'y laisser quelque souche. C'est que je songe toujours au destin de ma postérité et ne voudrais pas l'abandonner aux hasards d'une nationalité qui ne serait pas de mon goût. On doit à ses rejetons de les planter en bonne terre. Celle qui m'apparut comme tout à fait idoine à cette besogne sacrée avait tout à fait l'air d'un Rubens que les restaurations du Louvre n'auraient pas abîmé. Avec sa chevelure de miel, l'abondance de vie qui fourmillait dans tout son être, les petites flèches d'or, pareilles au dard innombrable des abeilles, dont son regard était traversé, elle éveillait l'image d'une ruche en plein soleil, d'un trésor de délices gourmandes et de savoureuses félicités. D'autres l'eussent comparée à un Pactole de lait roulant des pétales de rose au lieu d'étincelles d'or. Aucune goutte du sang tragique espagnol n'avait empoisonné les veines vertueuses de ses aïeules, au temps des sinistres occupations. Elle était fille du Nord dans tout l'éclat neigeux de sa personne. Une rose polaire fleurissait sa bouche parmi les blancs frimas de son teint et s'ouvrait sur des dents étincelantes comme des pointes de givre. Avec une bonhomie charmante dans l'indignation, elle répondit à mes premières avances, lesquelles ne péchaient pas par leur manque de clarté :

— Monsieur, je suis une honnête femme.

Je n'eus garde de lui répondre, comme le fait galamment un de mes amis quand une drôlesse de beauté médiocre lui tient le même discours : « Je vous en félicite, madame, car avec un physique comme le vôtre, la prostitution serait un état aussi pénible que peu rémunérateur. »

Ce n'était pas le cas puisqu'elle était belle comme un ange, un gros ange de chair dodue qui devait faire péter son fauteuil au paradis, devant l'admiration des Chérubins, des Séraphins, des Dominations et surtout des Trônes qui composent le parterre des élus.

— Je suis désolé, madame, me contentai-je de lui répondre en m'inclinant respectueusement.

Je vis tout de suite qu'elle regrettait, — l'excellente créature ! — de m'avoir fait de la peine. Elle n'avait pas le cœur sur la main — non ! sa main était trop petite ! — mais elle l'avait certainement ailleurs, dans un reliquaire plus logeable et où il était plus agréable encore de l'aller chercher. C'était ce qu'on pourrait appeler un derrière de Linotte, comme vous en pourrez juger. Car ne s'empressa-t-elle pas de me donner sur son honnêteté des commentaires qui ne laissaient plus rien absolument du texte. Certes, elle était honnête femme, mais cependant pas au point d'être ridicule et de refuser une occasion d'aimer ! Seulement, il ne fallait pas lui faire perdre sa position. Elle avait un amant très jaloux et bien bêtement. Car enfin elle le trompait à peine ! Heureusement M. Hostequette — ainsi s'appelait ce tigre du Bengale

Brabançon — ne viendrait pas coucher chez elle aujourd'hui. C'est que s'il s'apercevait de quelque chose!... mais il ne s'apercevrait certainement de rien!

Je conclus de tout ce bavardage qu'il n'y avait aucun inconvénient à lui proposer de l'accompagner à la sortie du spectacle.

— Vous avez l'air si convenable, me dit-elle, que je veux bien.

Ce ne fut pas un fiacre qui nous emporta, mais un chariot de baisers. Cette première demi-heure du fiacre belge, qui ne coûte que un franc, nous y fîmes tenir plusieurs millions de tendresses.

III

Il est toujours flatteur d'avoir un collaborateur sérieux. Ce M. Hostequette faisait bien les choses. Notre commune bonne amie me conduisit dans un appartement fort coquet, du dernier confortable et dont les fenêtres donnaient sur le boulevard Anspach. Mais c'est en vain qu'elle promena un nombre considérable d'allumettes sur le bec de gaz qui devait éclairer le vestibule. Elle renouvela les mêmes expériences dans sa chambre sans plus de succès. L'air se contentait de siffler dans les tuyaux, comme pour se moquer de nous. Alors elle se résigna à allumer une lampe qu'elle posa sur la table de nuit et, lentement, avec une coquetterie de déesse, commença-t-elle de se déshabiller, laissant s'abattre un à un ses vêtements, sur le tapis, ailes noires que faisait sa robe de soie, ailes blanches que firent ensuite ses jupes et sa chemise. Si bien qu'on eût dit une hirondelle blessée, de sa défroque parfumée. Un poëme de blancheur et de santé sortit de cette chrysalide et j'étais le plus ému du monde quand ledit poëme s'élança dans le lit où je l'attendais, ayant moi-même revêtu la sainte nudité biblique toujours recommandable en pareilles occasions.

Ah! girouette! girouette! Voilà ma gaillarde qui se remit à pousser les hauts cris en me voyant sans caleçon. Elle me redonna encore de l'honnête femme à travers la figure, me demanda pour qui je la prenais et ce que penserait M. Hostequette en la surprenant avec un indécent ! Ce serait du propre qu'un ancien bourgmestre vît mes vilenies! J'essayai de la calmer et de la retenir entre mes bras. Mais elle s'en échappa et se mit à courir par toute la chambre, en criant à l'horreur et à l'abomination, mais pas assez haut cependant pour que les voisins entendissent. Toujours à mon idée, je sautai aussi à bas du lit et me mis à lui donner la chasse par toute la chambre. Ce fut un exercice cynégétique et hygiénique tout à fait nouveau. Elle s'embusquait derrière les meubles et me les poussait dans les jambes, et — toujours dans le même costume absent — nous exécutions une série de galipètes auxquelles un clown de profession eût pris grand plaisir. Enfin, je l'atteignis, je l'étreignis, je lui mangeai la bouche de baisers impatients, je crus toucher au but coupable... Une bordée d'éclats de rire et d'applaudissements ironiques monta du trottoir qui longeait l'autre côté du boulevard. Derrière les grands stores blancs pendus aux fenêtres sans volets, suivant la coutume belge, devant une lampe demeurée sur la table de nuit au fond de la pièce, nous donnions, depuis dix minutes, une représentation d'ombres chinoises aux badauds sortant du Parcs aux Huîtres et du café Sésino. Les gredins s'étaient bien gardés de se manifester et leurs hourrahs n'avaient éclaté qu'au dénouement de la comédie.

— Malheureux! cachons-nous, s'écria ma bien-aimée.

Et tous deux nous nous blottîmes sous les draps, toujours dans le même état paradisiaque. Après tout, c'est ce que je souhaitais depuis longtemps. Sous prétexte que la prudence ne nous permettait plus de sortir de là, nous demeurâmes, dans cet innocent asile de toile, juqu'au lendemain matin et, nulle part, dans le monde entier, je ne m'ennuyai moins.

Quand je me réveillai, le lendemain, il était tard déjà, et ma compagne avait fui, la première, notre couche, pour vaquer aux choses de la maison.

Dans le doux sommeil où j'étais encore, je l'entendis causer assez vivement dans la pièce à côté. C'est une voix d'homme qui lui répondait, une voix à l'accent flamand dans toute sa pureté.

Je tremblais que ce fût ce misérable Hostequette, prévenu du scandale de la nuit précédente et arrivé pour lui faire une scène. Je me levai nu-pieds, je courus écouter, l'oreille contre la porte, et je n'eus plus malheureusement aucun doute, quand j'entendis ces mots dits par l'impitoyable flamand :

— Tout cela est arrivé, sais-tu, madame, parce que tu as une mauvaise conduite sur la rue.

— Qu'allez-vous faire, alors? demanda résolument notre bonne amie.

— Dévisser ton bec! répondit la voix masculine avec je ne sais quoi de terrible.

Je ne pus en entendre davantage. Laisser casser la margoulette à une femme qui m'avait honoré, un instant auparavant de ses faveurs.

— Et cela, pour moi! à deux pas de moi! Tant

pis! J'ouvris violemment la porte et je m'élançai, en m'écriant :

— Qui êtes-vous, monsieur, pour oser parler ainsi à madame?

Un gros homme à la barbe en paille, d'aspect très débonnaire, me regarda avec étonnement, puis me répondit avec un flegme parfait :

— Je suis le gazier, sais-tu?

ORIENTALE

I

Comment ne l'avait-il pas oubliée, l'ayant aimée avant tant d'autres femmes ayant passé, chacune à son tour, quelques jours dans son cœur, quelques semaines dans son lit, quelques heures dans sa mémoire? Qui dira le secret du souvenir qu'une femme nous laisse d'elle, dormant comme un lac sous la lune, mais qu'une feuille tombée d'un arbre, un caillou bondi du chemin fait frissonner en nous comme l'eau qu'un léger choc effleure? C'est un paysage parcouru autrefois ensemble; un mot qu'on n'avait plus entendu depuis qu'elle l'avait dit; une boucle de cheveux flottant sur une nuque pareille à la sienne, la nuque d'une passante dont on ne veut pas voir le visage pour se tromper plus longtemps; un parfum, souvent, que nulle autre n'avait porté depuis; quelquefois l'*odor di femina* qui fait sœurs de belles filles qui ne se sont jamais rencontrées; l'arôme naturel de la peau sous une caresse de la chaleur ou de l'air; ou bien encore une attitude retrouvée par une inconnue qui se demande pourquoi on la regarde avec des larmes dans les yeux; dans un ordre d'idée plus intime, la parenté plus lointaine d'une étreinte qui soulève dans la poitrine un sanglot entendu déjà.

Quoi qu'il en soit, notre précieux Cadet-Bitard n'eut pas plus tôt appris que Valérie Pissemouche avait été reconnue au harem par le capitaine au long cours hollandais Van de Mounisch qui la connaissait aussi bien que lui et qui assurait n'avoir pu se tromper sur un détail aperçu à la dérobée — un délicieux signe sur le menton, — qu'il ne rêva plus que d'aller à Constantinople pour la revoir. Ce lui fut une telle obsession qu'il en vint à se figurer sérieusement qu'il n'avait jamais aimé qu'elle et que son devoir de petit-fils naturel (comme le prouvaient les papiers de sa famille) de Richard Cœur-de-Lion était d'aller arracher sa belle amie à un esclavage, volontaire peut-être, mais certainement humiliant. Il demanda donc un second entretien à Van de Mounisch et l'interrogea habilement sur la façon de pénétrer dans le gynécée de l'heureux possesseur de Valérie. Le capitaine ne lui céla pas que cela présentait quelques difficultés; après quoi il lui promit d'exprimer son désir à Nénuphar-Bey, un Provençal qui avait fait longtemps là-bas les affaires du Pacha, était resté son ami, une fois revenu en France après l'avoir beaucoup volé, et qui, toujours demeuré en relations avec son ancien maître, lui faisait mille commissions utiles à Paris.

En attendant le résultat de cette démarche, Cadet-Bitard continua de s'exaspérer dans son rêve rétrospectif. L'image de Valérie ne quittait plus son cerveau et se la remémorait-il, sans cesse, dans l'harmonieux enchantement de ses grâces dodues, callifessière à ravir et même légèrement ventripotente, ce qui n'est pas un mal pour les personne qui ne savent que faire de leurs mains dans certaines hypothèses. Un petit bedon féminin rondelet n'est pas pour déplaire aux délicats. Comme un joli petit melon fait-il de son mieux contrepoids au majestueux potiron qui tient, de l'autre côté, ses assises comme un juge provincial ! Tous les charmes de Valérie défilèrent dans cette platonique revue et quand Van de Mounisch vint rendre réponse à l'impatient amoureux, il était temps : car celui-ci ne parlait de rien moins que d'assommer le premier marchand de pantoufles mahométan qu'il rencontrerait, pour soulever un incident diplomatique, allumer la guerre européenne, malgré les intentions pacifiques de l'Allemagne, et reconquérir la captive, les armes à la main, comme autrefois saint Louis le voulut faire du Saint-Sépulcre.

Mais Van de Mounisch, flegmatique comme tous ses compatriotes, l'assura qu'il n'aurait pas à recourir à ses inhumaines extrémités.

Nénuphar-Bey le recevrait dès le lendemain et lui remettrait une lettre préparée à l'avance, adressée au grand chef des eunuques et qui lui serait un véritable : Sézame, ouvre-toi !

Le lendemain, en effet, il pénétrait dans le cabinet de l'ancien serviteur du Pacha, le trouvait devant une table couverte de correspondance, en recevait une missive adressée comme il était convenu, et, sans qu'un seul mot eût été prononcé, était reconduit jusqu'à la porte par un salut. En sortant, il se heurta à un gros monsieur qui entrait, l'appela imbécile et fut fort surpris que ce gentleman ne lui demandât pas raison de ce propos.

II

La traversée fut loin de calmer sa fièvre. La mer met toujours un peu de son trouble profond dans les âmes, de son infini dans les pensées. Ces couchants qui mouraient à l'horizon, dans une buée d'or pâle, ces soleils que le monstre semblait engloutir, soufflant autour son haleine de feu, ce gémissant innombrable des vagues qui ressemble à des reproches, tout cela l'emplissait d'une indicible mélancolie. Les étoiles lui semblaient des pleurs tombés des yeux de Valérie. Le fantôme de Mlle Pissemouche, ce fantôme grassouillet le hantait, plus encore, dans la solitude des veillées marines, sur le pont silencieux. La lettre dont il était porteur étant écrite en turc, il n'avait pas la ressource de se distraire par une indiscrétion. Quand, arrivé à bon port et le cœur battant comme une cloche pascale, il la remit au Grand-Eunuque, celui-ci le regarda singulièrement et lui fit signe de le suivre. Derrière lui, Cadet-Bitard traversa de longs portiques fermés par des draperies, mais où pénétrait le parfum de femmes occupées à leur toilette et dont on entendait les éclats de rire mêlés au clapotement argentin de l'eau. Cadet faillit s'évanouir en reconnaissant l'accent hilare de Valérie qui, par son acuité, faisait partir, tout seul, les chevaux des tramways. Son guide l'introduisit dans une façon de vestiaire en lui indiquant le costume qu'il devait revêtir. Cadet en conclut qu'on devait le faire passer pour quelque Sultan voisin à qui celui-ci serait censé faire les honneurs de son sérail. C'était une façon absolument délicate de n'en pas faire un objet de curiosité pour les dames. Quand il eut coiffé une façon de tiare blanche qui lui donnait un vague aspect de pain de sucre, son muet compagnon le présenta à cinq ou six autres messieurs vêtus comme lui et qui lui lancèrent de mauvais regards. — « Bon ! pensa notre Bitard, pour me faire plus d'honneur et accroître l'illusion, on m'a donné un cortège. Ces figurants n'ont pas l'air aimable, mais je leur paierai à boire au buffet et ils se dérideront. » On lui remit ensuite une grande badine blanche. — « C'est pour ajouter encore à cet air de promenade », se dit-il. Enfin, on souleva devant lui une portière, et, dans un décor de naïades orientales, prenant leurs hydrauliques ébats dans un large bassin de porphyre, rayonnante comme une comète traversant la voie lactée, Valérie Pissemouche lui apparut, dépassant en beauté toutes ses compagnes.

Quantum lenta solent inter viburna cupressi.

Ce que Gailhard traduit : « On peut maintenant venir à l'Opéra sans avoir le cul pressé » mais ce qui, dans l'idée de Virgile, voulait dire autre chose.

— Mais c'est un rêve! faillit s'écrier Cadet-Bitard, ivre de joie et se demandant s'il était bien éveillé.

III

Le texte de la lettre qu'il avait remise au Grand-Eunuque de la part de Nénuphar Bey, et que je traduis du turc spécialement pour vous, ayant admirablement appris cette langue pendant l'Exposition, jettera quelque éclaircissement, sur la singularité de l'accueil dont notre compatriote était l'objet. En voici textuellement la teneur :

« Mon cher Aboulipète, voici le sujet que notre auguste Maître m'a demandé, mais vous lui direz que j'ai eu une peine excessive à me le procurer. C'est un souci très noble qu'a le sultan de vouloir donner à ses femmes des gardiens européens qui les puissent instruire de notre civilisation. Mais la condition requise est malaisée à réaliser. Ceux qui la réalisent ne s'en vantent pas. Je vous réponds du jeune homme qui vous remettra ce mot, bien que les apparences soient contre lui. Il m'a produit deux certificats de médecin constatant qu'un dindon furieux lui avait fait, dans son enfance, la fumisterie demandée. Vous n'avez donc à le soumettre à aucune vérification nouvelle, humiliante pour un parfait gentilhomme de son éducation. Il joue agréablement de la guitare. Enfin, j'espère que pour vous plaire il ne manquera de rien... je veux dire vieux farceur, qu'il manquera de tout ! Je vous embrasse, sans mauvaise pensée, mon cher Aboulipète, et je vous prie de me croire pour la vie votre fidèle : Nénuphar-Bey. »

Puisque je suis entré dans la voie des aveux, j'ajouterai que cette épître n'était nullement destinée à Cadet-Bitard, mais bien au gros monsieur qu'il avait traité d'imbécile et qui ne lui avait pas répondu. C'est à celui-là que le dindon avait fait une farce. Mais, fort troublé ce jour-là, par de mauvaises nouvelles de la Bourse d'Athènes où il jouait, Nénuphar-Bey s'était trompé d'enveloppe. Si parfaitement, qu'un instant après, et sans se douter de sa méprise, il donnait à ce dernier venu la lettre écrite pour Cadet.

Mais revenons à nos amoureux.

Tandis qu'il poussait un cri de joie en apercevant Mlle Pissemouche dans son bain, celle-ci exhalait un cri de douleur, en l'apercevant sous sa coiffure en dôme.

— Pauvre Cadet! s'écria-t-elle, en sautant, à travers de grandes giclées d'eau, dans les bras qu'il lui tendait.

Et elle ajouta tout bas : — Tu me diras comment ça t'est arrivé.

C'était le moment d'oindre ses dames de parfums. Cadet se chargea immédiatement de l'échine de Valérie et fit descendre la friction aussi bas que lui permettait, en public et en plein jour, le sentiment des convenances.

— Est-ce que je pourrai rester ce soir? lui demanda-t-il anxieusement.

— Certainement! lui répondit-elle. Maintenant que tu es comme ça.

— Quelle nuit d'ivresse nous allons passer! lui murmura-t-il encore à l'oreille.

— Tu as tort de plaisanter de cela! lui dit-elle sévèrement.

Et elle répéta avec un soupir qui eut crevé une locomotive : — Pauvre Cadet.

Mais le lendemain matin — je franchis la période des indécences nécessaires — elle riait aux larmes en le regardant avec des yeux pleins d'une reconnaissance alanguie, et disant, toutes les cinq minutes : Mon Dieu, que c'est farce !

Ah ! quelle vie exquise commença alors pour notre cher Cadet-Bitard ! S'étant vite aperçu qu'il avait déjà aimé, dans sa vie, d'autres dames que Valérie Pissemouche, il commença de la tromper avec toutes ses camarades, et, chaque fois, la cérémonie commençait par un cri de surprise et se terminait par un joyeux éclat de rire. Le harem était positivement transformé. Non pas, Dieu merci, qu'il ressemblait à l'Opéra de MM. Ritt et Gailhard ! Mais un souffle de gaieté semblait le traverser comme un bienfaisant zéphir et s'y arrêter comme le vent dans une voile. Le Grand-Eunuque lui-même se chatouillait la plante des pieds pour ne pas avoir seul l'air triste dans cette agréable maison.

— Ouf ! soupira, au bout d'une semaine,

Cadet-Bitard. On est joliment bien ici, mais je ne serais pas fâché de prendre l'air.

C'est qu'il avait, tout de suite, donné de lui une idée difficile à maintenir à sa hauteur. La peur de devenir inférieur à soi-même commençait à le hanter. En même temps, le boulevard lui manquait, à l'heure verte qui met les émeraudes dans les cristaux des cafés. Il témoigna de son désir de terminer sa visite, mais on fit semblant de ne pas comprendre sa pantomime, expressive cependant. Une vague inquiétude lui venait de cette captivité latente, agrémentée de mille délices, mais dont il aurait néanmoins souhaité la fin.

Il était dans cette disposition d'esprit, quand on annonça un visiteur de distinction qu'il fut requis d'accompagner, pour lui faire honneur, avec ses camarades. Sa surprise ne fut pas médiocre de reconnaître en lui le gros Monsieur qu'il avait insulté et qui, lui-même, ne semblait pas comprendre grand'chose à tout ce qui passait. Ce fut pour Cadet-Bitard un trait de lumière! Il devina la faute commise et le rôle qu'il jouait depuis huit jours. Sans rancune, il s'en expliqua tout bas et très courtoisement avec le nouvel arrivant qui, enfin ! parlait français comme lui. Tous deux conçurent un plan fort simple. Sous prétexte de lui faire visiter le vestiaire masculin, Cadet y changea de costume avec lui, et, grâce à la myopie que l'habitude de se gratter le dessous des pieds avait développée chez le Grand-Eunuque, en même temps qu'un état de crétinisme absolu, il put s'échapper, en laissant à sa place le véritable destinataire de ses fonctions, le seul dont on pouvait dire : *Dignus, dignus est intrare in nostro docto corpore...*, pourvu toutefois que ce docte corps ne fût pas celui d'une jolie femme.

De retour à Paris, Cadet-Bitard voulut conserver une impression poétique de son voyage aux lecteurs ordinaires de ses *Sonnets fantasques*. C'est donc pour eux qu'il composa celui-ci :

Le Faux Muet

C'était au sérail, par un jour
Très clair avec un ciel sans nues ;
Ceux qui gardent les femmes nues,
Lents, se promenaient dans la cour.

Les colombes s'aimaient autour,
Comme pour les railler venues ;
Et des tristesses inconnues
Hantaient ces hommes sans amour.

On pouvait, à leur air morose,
Voir qu'il leur manquait quelque chose,
Un seul était plein de gaieté.

Voyant que je m'en émerveille,
Le drôle me dit à l'oreille :
— Laisse donc faire ! on m'a raté !

NUIT SYRACUSAINE

Nuit Syracusaine

A Cyprien Godebski.

I

Sur toute la côte syracusaine, le long de la mer bleue qui chante encore les vers divins de Théocrite, par les soirs calmes que l'âme antique emplit de ses immortels frémissements, dans les villages où les glorieux stigmates de la race ont persisté chez une population qui porta, aux veines apauvries, les dernières gouttes du sang des Dieux, on se raconte encore la légende de la belle Thestylis, laquelle n'est pas sans parenté d'ailleurs avec celle de la biblique Suzanne. Cette vierge farouche et qui vouée par sa propre et despotique volonté, au culte de Phébé, cachait obstinément aux hommes les nudités marmoréennes et charnues en lesquelles s'épanouissait, comme un fruit trop lourd pendu à sa tige flexible, sa chaste croupe, et que trahissaient les plis flottants de sa tunique subitement aplanis en cet harmonieux endroit, avait excité, entre bien d'autres curiosités sacrilèges, les malséantes aspirations de Ménalque et de Polyphème, deux vieillards riches et laids de la ville voisine. Mais, ni avec des présents, ni par des menaces — car les drôles étaient puissants dans la politique, comme il convient — ils n'avaient obtenu qu'elle se départît, pour eux, de son héroïque pudeur et se devaient-ils contenter du méchant rêve de découvrir, malgré elle, ce trésor si bien caché.

Or, un jour, — ou même un soir — durent-ils se croire bien près d'avoir touché à ce but impie. Ils avaient aperçu de loin, de leurs litières où les portaient des esclaves qu'ils rouaient de coups pour se divertir en chemin, une ombre voilée qui descendait vers la mer, et sachant que Thestylis fuyait la compagnie de ses amies, elles-mêmes pour s'aller baigner, seule, sous l'œil tranquille de la Déesse qu'elle servait, ils interrompirent la bruyante bastonnade, descendirent de leurs lourds fauteuils, et, abandonnant leur escorte, prirent également la route de la plage, en se cachant derrière les tamarins et les saules gris des poussières diurnes, pieds nus et marchant sans bruit dans la grève fine luisante encore des derniers baisers du reflux.

Muets, haletants, maudits par la musique des choses dont ils troublaient néanmoins le recueillement sans ouïr ni comprendre l'ironique et innombrable petit rire des flots leur jetant des baves d'argent, ils contemplèrent Thestylis dépouillant un à un ses vêtements dans la tranquillité patiente de sa fausse solitude, dénouant d'abord son admirable chevelure s'allongeant soudain, tout le long de son corps, comme les deux ailes noires d'une hirondelle et semblant renouveler la fable de Proené ; puis dégageant de leurs cothurnes légers ses pieds éburnéens comparables à deux lys renversés ; enfin, détachant, après un regard obliquement circulaire jeté tout autour, sa ceinture flottante. Un frisson des épaules semblant secouer un peu de neige autour d'elle, et la laine largement échancrée sur la poitrine descendant par son propre poids, leur fut révélé l'harmonieux développement des seins frissonnants et aussi la matité doucement soulevée par la respiration frileuse des flancs et encore la belle naissance des hanches s'arrondissant en amphore. Mais l'étoffe s'arrêtait là, comme suspendue, et il fallut un déchirement pour qu'elle vainquît le savoureux obstacle qui la retenait captive. Ménalque et Polyphème n'avaient plus une goutte de sang dans les veines. Le tissu venait de s'ouvrir avec une plainte. Ils entrevoyaient déjà la double colline fuyant vers un ombreux ravin. Mais Diane veillait sur sa fille préférée. D'un lumineux élan, elle sembla sauter du nuage à demi transparent qui lui était comme une paupière à demi-fermée entre ses cils d'or. La plage et la mer furent soudainement baignée d'une clarté immense. Comme deux flèches, deux rayons vinrent se briser aux crânes nus des deux vieillards infâmes et y laissèrent la plus étrange des folies. Tandis que Thestylis, effrayé de ce prodige, s'enfuyait vers les plus prochains ombrages, Polyphème et Ménalque, en se regardant, crurent se voir, l'un à l'autre, un énorme derrière au lieu de visage, un malséant postérieur à l'endroit où ils avaient la tête, un instant auparavant. Aussitôt commencèrent-ils à se reprocher l'un à l'autre, cette inconvenance réciproque.

— Veux-tu cacher cela, malpropre !
— Veux-tu remonter tes bragues, polisson.

Puis, l'illusion durant toujours, ils commencèrent à se donner des soufflets en s'imaginant s'octroyer des fessées. Et ce fut ainsi toutes les fois qu'ils se rencontrèrent depuis, par une juste vengence de Phébée outragée dans la pudeur d'une de ses fidèles servantes.

II

Un pêcheur d'Agrigente venait de conter cette fable ancienne à Cadet-Bitard qui en avait été très vivement impressionné. Notre ami était venu dans ces régions lointaines pour s'y recueillir dans la mémoire salutaire des vieux poètes et aussi pour accompagner un homme qu'il aimait infiniment pour la douceur de son caractère et la sincérité de sa science, le docteur suédois Etelred, un des archéologues les plus distingués du monde européen. Et sous ce ciel merveilleux, au bord de ce gouffre d'azur où les vagues murmurent encore la querelle de Gorgo et de Praxinoë, loin du fracas imbécile des grandes citées désertées, menaient-ils la vie la plus délicieusement bucholique du monde, troublant les essaims sauvages parmi les grands genêts d'or, écoutant chanter les rossignols dans les haies fleuries, suivant chacun son goût avec une entière et idéale liberté. C'est ainsi que le précieux Etelred avait déjà découvert plusieurs inscriptions curieuses et d'intéressants fragments d'antiques statues et de séculaires tombeaux, durant que notre doux Cadet-Bitard se dénichait une amoureuse, ce qui avait toujours été l'occupation la plus sérieuse de sa vie. Une simple pécheuse de ces rustiques bords, mais d'une aristocratique beauté, dans sa pureté grecque, et portant un nom exquis vraiment, frais comme un souvenir d'églogue : le nom de Simèthe.

Et n'eut-il pas plutôt connu la fable de Thestylis, que je contais tout à l'heure, que, par une illusion facile aux imaginations fleuries comme la sienne, — en manière d'églantier poussant ses fleurs dans tous les sens — Thestylis lui apparut, dans Simèthe, une Thestylis ressuscitée et qui lui apportait, à travers la poudre des âges, le baiser promis autrefois dans quelque antérieure existence, en je ne sais quelle planète oubliée. C'est que Simèthe avait aussi de noirs cheveux se pouvant éployer comme des ailes, au bout de ses bras étendus et ronds comme des fuseaux d'ivoire, de petits pieds de déesse semblant se déchirer aux ronces méchantes des chemins, la grâce d'une immortelle, un pétard à damner une demi-douzaine de saints Antoine suivis d'un troupeau entier de cochons, et une sacrée pudeur à la Thestylis qui n'avait pas encore permis à l'impatient Cadet-Bitard de contempler cette merveille dans sa consentante intégrité. Le pauvre bougre en était malade. Et ce pendant que son compagnon goûtait toutes les joies pures de la cunéiformie comparée, languissait-il lui-même du désir immodéré de ces belles fesses mystérieuses, qui faisaient leurs mijaurées et ne se voulaient laisser ni regarder, ni toucher. Et, condamnant dans son esprit l'erreur des physiologistes superficiels qui insinuent dans leurs dictionnaires que les fesses de la femme n'ont d'autre but naturel que de leur permettre de s'asseoir — ce qui est absurde, puisque que les guenons, qui en sont dénuées, s'asseyent parfaitement pour croquer des noix — admirant, d'autre part, l'inutilité parfaite de ce savoureux appendice, évidemment créé bien plus pour notre plaisir que pour une pratique destination ou un usage courant de la vie, il composa, pour soulager sa mélancolie, le sonnet fantasque suivant qui figurera à la page 40 de son recueil :

Gloria in excelsis

Sœurs infécondes des mamelles,
Pur instrument de volupté,
Qu'un Dieu, pour la seule beauté,
Fit rondes et blanches comme elles.

Double mont aux splendeurs jumelles,
Pour être de nos mains hanté,
La pitié des cieux t'a planté
Moins haut qu'aux reins bruns des chamelles.

Consolatrices des ennuis,
Gaîté des amoureuses nuits,
Ferses aimables et dodues,

A qui vous aime rien ne chault
Sinon de vous avoir perdues
Ou d'être devenu manchot.

— Amen! fit la voix du précieux Etelred quand Cadet-Bitard lui lut, entre deux cigarettes, cette improvisation sublime.

III

Or, ce soir-là, Simèthe lui avait donné rendez-vous sur la plage, et notre Cadet-Bitard était absolument décidé à ne pas demeurer plus longtemps dans cette crasseuse ignorance des admirables choses que la pucelle obstinée cachait sous ses grossiers jupons. Quelle admirable nuit mes petits pères! On eût dit qu'un chérubin aux grandes ailes bleues volait à plein firmament, en pétant des étincelles comme un soufflet de forge. C'était d'une majesté mélancolique à faire pleurer Judas Iscariote sous les oliviers de l'évangélique jardin. La mer, où dans les sillons d'or qu'y faisaient les reflets du ciel roulaient de vagues émeraudes, semblait une immense cantharide aux élytres refermées et semant dans l'air, autour d'elle, les mystérieuses haleines et les tentations inavouées d'un délicieux poison. Une grande fièvre d'amour était dans toutes les choses et Simèthe était une demoiselle f... fichue, je ne vous le célerai pas plus longtemps. Cadet n'était pas, ce soir-là, pour les déclarations langoureuses et les jeux innocents de la petite oie dont un simple baiser paie les dettes pudibondes. Il fallait l'oie de Noël à ses larges appétits, l'oie dumetée, comme disait Rabelais, et noblement rebondie de gourmandises rissolées. Et la douce Simèthe, toute rougissante dans l'ombre, ne se fut pas plutôt assise auprès de lui, après lui avoir recommandé d'être bien gentil et bien sage, qu'il vous lui donna à ses cotillons un bon coup de fouet en tulipe qui vous les retroussa à l'envolée, comme les papiers dont on enveloppe par les tiges, une botte de roses, tout cela en le renversant le plus incongrument qu'il soit possible, si bien que, s'il ne l'avait aussitôt retenue, elle eût fait la culbute en arrière, sur la tête, comme un clown qui galipète pour l'hilarité des spectateurs. Il vit Phébé dans son plein.

Mais l'autre Phébé se fâcha sans doute, celle des cieux qui continue à protéger les petites-filles de la chaste Thestylis. Comme dans la fable, elle se dégagea vivement de son manteau de nuées et fit comme une coulée de lumière sur le rivage. Cadet-Bitard se retourna et ne se trouva-t-il pas en face du docteur Etelred debout et ayant un incontestable fessier tout blanc à la place de visage. Cadet faillit devenir fou à cette apparition. Se rappelant Polyphème et Ménalque, il crut qu'il lui arrivait la même chose et, pour ne pas être pris à l'improviste, envoya par provision, à son ami, un abominable coup de pied dans le ventre. Le doux Etelred poussa un gémissement, ouvrit tout grand ses bras qu'il avait d'abord repliés sur la poitrine, et lâcha un énorme bloc de pierre qui s'enfonça à demi dans le sol, après quoi reparut, sur ses épaules, son visage crispé par la terreur et l'étonnement de cet accueil disgracieux.

Cadet, qui comprit subitement, se confondit en excuses et l'aida poliment à relever le magnifique fragment de statue que le docteur portait tout à l'heure à grand'peine, et qui avait appartenu à une Vénus callipyge antique. En effet, le savant ayant découvert, dans ses fouilles, ce superbe morceau de sculpture où tout le postérieur pesant de la déesse était admirablement conservé, l'avait chargé devant lui, comme vous savez, pour en venir nettoyer les souillures au bord de la mer.

Tout s'expliquait ainsi de la plus naturelle façon du monde. Simèthe, ébahie, regardait.

— Emportez votre bibelot à l'hôtel, dit doucement Cadet à Etelred. Nous le nettoierons ensemble demain.

Et il reprit la conversation avec Simèthe là où il l'avait laissée, se fichant pas mal des colères de Diane, qui rentra dans son nuage quand l'entretien prit une tournure intolérable pour les yeux de la déesse la moins collet monté du firmament.

PRUDENCE

PRUDENCE

I

Dans l'épanouissement du printemps vermeil, au bord des eaux subitement éclaircies par la fuite des ondées et mirant les têtes veloutées des iris, derrière un rideau de peupliers droits comme des soldats à l'exercice, au revers des pâturages s'étageant en coteaux à peine inclinés, rayés de jaune, de rouge et de vert par la diversité des cultures, la ferme, d'où montait, dans l'air calme, à l'heure du repas, un long tire-bouchon de fumée, étendait ses longs murs crépis à la chaux, sous un toit vallonné par l'excès des charges fourragères débordant en bouquets dorés de paille, en gris bleu de foin sec. Du fermier, rien à dire. M. Valandrouille, comme tous les autres, baptisait son lait avant de l'envoyer à la ville. Pour les gens du village, il se contentait de l'ondoyer. Mme Valandrouille était une grosse femme sensible qui pleurait toujours, en vendant des veaux au boucher, tout en comptant, dans son tablier, ses écus. De toute la maisonnée, Prudence, la servante, méritait seule une mention. Était-elle belle? Non, simplement jolie? Non! Et pourtant était-elle essentiellement désirable. Ses cheveux légèrement crépelés étaient d'une couleur indécise. Ses yeux n'étaient ni bruns, ni bleus. Sa bouche était plutôt grande que petite. Tout était irrégulier dans ses traits, et, avec tout cela, cette diablesse donnait des envies à tout le monde. Pour mal fichue qu'elle fût dans ses vêtements de fille pauvre, elle savait vous faire croire qu'il y avait quelque chose de charmant dessous. Qui dira le charme indéfinissable de certaines créatures? Peut-être peut-il s'expliquer fort simplement, comme les pressentiments, par une subtilité de sens que nous ne nous soupçonnons pas. Car c'est bien simple de nous apprendre que nous n'en avons que cinq; mais moi je crois que nous en avons cinq cent mille. Messieurs les savants n'en ont pas trouvé le siège : voilà tout. C'est ceux-là qu'intéressent les phénomènes parfaitement mystérieux encore du magnétisme animal et de l'électricité humaine. Il est certain que certaines femmes vous attirent, sans avoir autrement charmé votre vue, flatté au premier abord votre odorat, enchanté votre ouïe, souffert votre toucher. Je ne parle pas du goût qui suppose un degré encore supérieur de familiarité. Quelque arome arrivant jusqu'au cerveau sans avoir chatouillé le nez agréablement; quelque effluve qui, sans s'arrêter au nerfs, vous est monté à l'âme. Que sais-je? Quelque chose d'immatériel ou de prétendu immatériel qui vous prend et que cette mâtine de Prudence possédait très particulièrement. Et puis, vous savez, elle ne manquait, au fond, ni de nénés ni de derrière. Volontiers, même, je croirais que le pouvoir obscur qu'ont parfois sur nous des dames avec qui nous n'avons pas encore couché, vient de la divination que nous avons des choses aimables qu'elles nous cachent. Pourquoi l'instinct n'existerait-il pas en amour comme en toutes choses ? Plus fort que la raison, plus durable que le caprice, seul guide, au demeurant, de toutes nos actions logiques et vraiment sensées. Br... Br... Br... Je suis empoisonné de psychologie, ce matin ! Pardon, camarades ! Enfin Prudence, sans leur rien dire, avait fait rêver bien des gens et notre Cadet-Bitard était de ceux-ci, au moment où commence cette véridique histoire.

Il était venu dans le pays pour pêcher à la ligne. Il avait aperçu Prudence venant puiser de l'eau dans la petite rivière. Cadet est un bucolique. Vite une oaristis lui était venue au cerveau. Aimer dans cette belle nature en fête au lieu d'embêter d'innocents goujons ! Il n'y avait pas à hésiter. Galamment il offrit à

Prudence de porter ses seaux un bout du chemin. Elle accepta, sans se faire prier, marchant à côté de lui, avec un sourire de moquerie reconnaissante aux lèvres et un regard de côté qui fit arder des tisons aux moelles de notre ami. Quel beau tapis d'herbes piqué, çà et là, de jonquilles et de crocus et sous le balancement des grands peupliers semblant pris de vagues lassitudes! Sans façon il lui proposa une partie de piquet amoureux sous ces vacillants ombrages que traversaient de rares fusées de soleil. Alors elle prit ses seaux d'un geste vigoureux et, malgré leur poids, s'enfuit en courant, avec des éclats de rire.

Cadet-Bitard était pincé. Il loua une chambre, le soir même, à Brétigny-la-Vesse, le village le plus voisin.

II

Dès le lendemain, il s'enquérait, parmi les paysans, de ce qu'était cette excitante et curieuse fille. Était-elle sage? Lui avait-on connu des amoureux? Il trouva tout le monde d'une discrétion extraordinaire et en comprit bientôt la raison. Le fils de la maison où il logeait, Ambroise, avait l'intention d'épouser précisément Prudence dans quelques jours, et, comme c'était un gars solide en même temps que très amoureux de sa promise, ce n'était pas le moment de se permettre des propos douteux sur le compte de celle-ci. Plein de toupet, Cadet résolut de faire jaser Ambroise lui-même et ce ne fut pas difficile; car les amoureux ne cherchent rien tant que quelqu'un en qui ils se puissent épancher de leur débordante tendresse. Ambroise donna en plein dans le panneau. Cadet n'en reçut aucun encouragement à son mauvais dessein de séduire la servante. Il n'y avait pas, dans tout le pays, de fille aussi vertueuse que Prudence! Elle défendait son honneur comme un dragon! Ah! mon Dieu, elle se laissait bien un peu courtiser comme les autres, mais quand on en voulait venir à la bagatelle, à bas les pattes! Ceux qui s'y étaient frottés savaient ce qui leur en avait cuit. Ces détails, tout en désespérant le pêcheur infidèle, ne firent, au fond, que l'exciter davantage. Prudence lui devint une obsession. Dès le lendemain matin, il se dirigea résolument vers la ferme et se mit tout de suite au mieux avec les Valandrouille, en assurant à Monsieur que son lait était capiteux et à Madame que les bouchers égorgeaient les veaux sans leur faire le moindre mal. Il donna pour prétexte à sa visite la location d'une chasse dans les environs, et sur laquelle il se voulait renseigner dans le pays. On chargea justement Prudence d'aller lui montrer où était située la plus voisine et la plus giboyeuse. Les Dieux étaient pour lui visiblement! Ah! la délicieuse promenade dans les herbes mouillées et le parfum des fleurs sauvages dont les premiers bourdons assourdissaient les têtes penchées! Il fut lyrique dans la déclaration, d'ailleurs absolument sincère, de son amour. Ce n'était plus le gaillard entreprenant de la veille, mais un timide, un soupirant, un mélancholieux, comme ils disent maintenant. Toute son ardeur s'était fondue en chattemites, comme lorsqu'on a passé une nuit sur un trop long désir. Il était bucolique, fleuri, madrigaleux en diable, et la fille souriait, en l'écoutant, sans lui rien répondre. Sage! pensait-il, inexorablement vertueuse!

Avec les rustres peut-être? Mais avec un monsieur? Avec un poëte? Il lui parut que toute cette musique à laquelle elle ne comprenait rien la grisait cependant. Un peu de virilité lui revenait de cette illusion, il voulut essayer encore l'assaut immédiat. Mais il lui sembla qu'elle allait céder et cela le décontenança absolument. Qui n'a passé, en amour, par toutes ces inconséquences? Il ne voulait plus d'une victoire si facile. Il voulait savourer plus longtemps son bonheur.

— Demain! lui demanda-t-il d'une voix qui sonnait comme un baiser.

— Demain! lui répondit-elle, en le regardant avec étonnement.

On revint à la ferme, le jour déclinant déjà, avec une tiède caresse du soleil couchant dans le dos, et, devant soi, de grandes ombres, qui on ne sait comment, semblaient se becqueter tout en s'allongeant.

En rentrant dans sa chambrette, pleins de rêves fous, Cadet-Bitard se dit qu'il avait agi en gourmet d'amour et que la journée du lendemain serait une des plus délicieuses de sa vie. Après un léger repas — qui aime dîne — il s'allait mettre au lit sous le charme de ces

voluptueuses pensées, prêt à évoquer l'image
de Prudence, dans les mille attitudes que lui
avait données leur commune promenade et
dont il n'avait oublié aucune, pendant le
retour surtout, où l'abandon avait été plus
grand et où leurs ombres avaient trinqué des
lèvres, quand un coup discret fut frappé à sa
porte. Un instant après, Ambroise entrait.

III

Le brave gars avait été touché de l'intérêt
que semblait avoir pris leur hôte au récit de
ses amours et de ses conjugales espérances.
Bien honnêtement il venait demander à Cadet-
Bitard d'être un des témoins de son mariage
qui allait avoir lieu dans trois jours. Cadet
eut d'abord envie de rire, mais ce mauvais
souffle de scepticisme, devant tant de candeur,
lui passa vite. C'est qu'avec l'éloquence que
donne aux plus rustiques, une passion vraie,
Ambroise lui parla de sa tendresse infinie
pour Prudence, du respect qu'il en avait et du
bonheur qu'il en attendait de la tendresse

partagée d'une telle fille. De vrais poèmes montèrent aux lèvres de ce rustaud pour décrire les souvenirs qu'il avait d'elle, les heures passées sous les grands arbres à la regarder sans oser lui parler ; le ruisseau traversé, un jour d'orage avec elle dans ses bras ; l'anneau accepté un soir, dans le grand silence, quand on n'entendait que la clochette du troupeau rentrant aux étables ; puis toutes les joies futures et les enfants qui leur grouilleraient bientôt dans les jambes, ils seraient un peu de leur chair, la semence fleurie de leurs baisers ! Voilà mon crétin de Cadet-Bitard qui avait des larmes dans les yeux. As-tu fini vieille bête !

— Tope-là, fit-il au gars Ambroise, je serai ton témoin !

Et il lui serra la main à en faire un chausson aux pommes. Et, en lui-même, il se jura se pressant intérieurement l'autre main que jamais Prudence ne lui serait rien ! Toucher à un tel amour ! quel crime ! quel sacrilège ! Mais elle ?... Mon Dieu, elle avait eu l'air d'accepter, mais, au dernier moment, elle aurait refusé net. Ambroise l'avait bien prévenu, lui Cadet, que c'était sa manière à cette fille.

Le beau sentiment d'honneur et de sacrifice qui venait de lui monter au cœur le sauvait peut-être lui-même d'un ridicule déboire. Et puis il est beau de savoir souffrir pour une idée. Avec une haute opinion de soi-même, une fierté intime infinie, un pléthore de conscience rassasiée, Cadot, avant de se coucher dans ses draps dignes d'un ascète, composa le sonnet suivant, dans le mode triomphal :

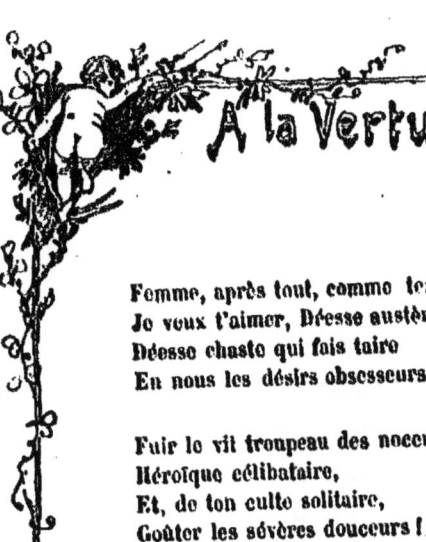

À la Vertu

Femme, après tout, comme tes sœurs,
Je veux t'aimer, Déesse austère,
Déesse chaste qui fais taire
En nous les désirs obsesseurs ;

Fuir le vil troupeau des noceurs,
Héroïque célibataire,
Et, de ton culte solitaire,
Goûter les sévères douceurs !

Heureux qui, dans son âme altière,
Vainqueur de l'ignoble matière,
Pour l'honneur ayant combattu,

Loin du monde et des Saturnales,
Baise tes fesses idéales,
Mère des puretés, Vertu !

Sacré poète, va!

IV

Trois jours après, sérieux comme un Gailhard que Bauër étrille, tout de noir vêtu comme pour un convoi, les funérailles augustes de son inutile amour pour Prudence, Cadet-Bitard accompagnait celle-ci à l'autel, les joies douloureuses de l'abnégation peintes en pâleur sur son visage. Comme le blanc lui seyait — non pas à Cadet-Bitard — mais à cette Prudence ! Elle avait l'air d'une branche d'aubépine fleurie où les fils de la vierge se seraient accrochés, aériens et portant de petites perles de rosée. Le mystère voluptueux de son être s'était comme affiné et condensé sous les transparences inquiétantes de son long voile. Et les cloches sonnaient avec un bruit si joyeux qu'on aurait dit que c'était elle qui riait sous sa fraîche couronne de fleur d'oranger. Ambroise était ému et triomphant. M. et Mme Valandrouille avaient l'air de deux potirons en rupture de couche. Le prêtre fut onctueux comme un savon d'Israël, et mon Cadet-Bitard vous eut une seconde trempée de larmes devant ce spectacle si réconfortant pour la morale, base de toute société commerciale et autre. Ah! non! il ne regrettait pas son sacrifice. Il s'en sentait, tout au contraire, grandi au point qu'il en avait peur pour les étoiles imprudentes qui passent trop près des chapeaux des grands hommes et peuvent quelquefois s'y accrocher. C'est ainsi que Caton d'Utique en fit tomber une, un jour, dans l'assiette de Trajan qui lui en veut encore dans l'éternité. Lui aussi, Cadet-Bitard, fils d'Onésime Bitard et petit-cousin de Coquelin Cadet, par les femmes, il était de la grande famille des héros et de ceux qui tutoient les astres! Il s'était vaincu lui-même! Oh! le plus héroïque des combats!

Cependant cette Prudence était si tentante! Le soir il eut une défaillance. Il lui fit la cuisse au banquet d'hyménée, et trouva celle-ci si ronde qu'il commença à avoir de sérieux regrets. Quel supplice allait être le sien! La chambre des nouveaux époux n'était séparée de la sienne que par une mince cloison. Elle vint pourtant l'heure redoutable. Il ne perdit rien de la première escarmouche conjugale. Le bonheur avait rendu à Ambroise son intrépidité railleuse de beau gars aimé des filles. Il triompha!: auprès de Prudence vaincue.

— Tu sais, ma chérie, fit-il d'une voix pleine de rire, tu as été joliment maligne de ne pas te donner, comme les autres, avant le mariage.

— Et pourquoi ça? demanda gaiement Prudence.

— Té! parbleu! parce que, pas plus que les autres, je ne t'aurais épousée.

Cadet-Bitard, qui ne perdait pas un mot de ce colloque, devint rêveur et ironique envers soi-même, en entendant la jeune femme répondre, sur un ton de naïveté extraordinaire :

— Oh! il n'y avait pas de danger! Après y avoir été pincée vingt fois!

Et amèrement, Cadet-Bitard regretta, honteux de sa sottise, d'avoir tant respecté le bonheur imbécile d'Ambroise, la vertu douteuse de Prudence, et, comme il l'avait si bien dit :

> Loin du monde et des Saturnales,
> Baisé tes fesses idéales,
> Mère des puretés, Vertu !

Avis aux jobards !

COUP DOUBLE

I

Une histoire de chasse alors? Oh! que non pas! Je rêve encore aux sérénités paradisiaques, quand l'homme inoffensif, et frugivore seulement, vivait en paix avec les bêtes innocentes, et il ne faut rien moins que l'arome délicat d'un pâté de perdreaux ou de bécasses pour m'arracher à ce platonique regret. Mais les fils de Nemrod ne seront jamais mes héros. Quant aux filles de Diane, leur virginité obstinée n'est pas pour me les faire voir d'un œil indulgent. Je suis pour Actéon dans leur querelle avec lui. Une histoire d'amour alors? Tiens! Voilà l'éternel sujet dont le souvenir — seul, hélas! — ne se lasse jamais. Et, durant même le temps réparateur où la chasse est interdite, les amoureux n'en poursuivent pas moins leurs belles chevauchées à travers les bois touffus, des caresses, des étoiles d'or au front, au lieu d'insipides carquois sur le dos.

C'était la maison faisant le coin des quais et de la rue Saint-Louis-en-l'Ile, une maison vieille déjà et remarquable seulement par un morceau de sculpture, noyée dans le plâtre, au-dessus de la porte, où l'on pouvait distinguer encore les reliefs d'une truie jouant de la viole. Tout le reste avait été odieusement badigeonné, dans le mauvais goût des propriétaires du Marais, et cet immeuble démodé était, comme presque tout ceux du même quartier, habité par de petites gens paisibles qui se donnaient là l'illusion provinciale. Et toutefois, par son exposition en plein Midi — le soleil est un tel magicien! — était-elle, au printemps, la plus riante du monde, dans une coulée vibrante de lumière, avec le fleuve au bas tout étincelant et ridé par la moindre brise, les verdures encore tendres des arbres faisant danser de petites ombres, capricieuses comme des papillons, jusqu'aux croisées du second étage. Presque toutes ces croisées, elles-mêmes, étaient de petits jardins où les cobéas, les vignes vierges, les clématites, les capucines et les volubilis, araignées végétales et parfumées, tendaient leurs jolies toiles où se prennent, non pas les mouches, mais les regards émus des passants. Car les yeux s'arrêtent, involontaires et charmés, sur ces parterres aériens, sur ces petites Babylones dont la Sémiramis, dans un grand bien-être tiède et embaumé, lit le *Petit Journal*, raccommode des chausses ou fait cocu son mari, humblement, sans vacarme, comme les personnages des poésies de François Coppée. Car les lyriques passions ne se conçoivent guère derrière ce rideau bon enfant.

Et c'est ce qui vous trompe, vous-mêmes, qui n'êtes pas des maris. Ainsi rien ne saurait se concevoir de plus tragique que la haine qui séparait deux des locataires principaux de cette tranquille maison, et celle des Capulets pour les Montaigus n'était point pour faire parler d'elle à côté. Si Shakspeare l'eût connue, l'aventure de Roméo et de Juliette se fût passée certainement dans l'île Saint-Louis. M. Bouldevesse, habitant le premier, et M. Bistu, occupant le troisième, bien qu'éloignés l'un de l'autre par deux tours complets d'escaliers, étaient tous les deux du même avis, à savoir qu'un des deux était de trop sur terre. Mais comme ils étaient, tous les deux, lâches et craignaient les lois, ils n'en venaient pas à ces extrémités viriles qui envoient les hommes de cœur à l'échafaud, et se contentaient de se souhaiter réciproquement tous les maux du monde, résolus à aider le destin dans les persécutions dont l'un ou l'autre, en vertu des lois de la fatalité, serait certainement, un jour, l'objet. Et leurs cervelles obtuses de petits rentiers méchants s'emplissaient d'imaginations féroces, de tortures raffinées, d'autodafés flambants. De petits Torquemadas logeaient dans leurs âmes étroites, et ils rêvaient de révolutions où ils se pourraient étrangler dans l'ombre. Tout cela pour une simple rivalité de femmes! Mme Bouldevesse était brune, copieuse, aimant à rire. Mme Bistu était blonde, élancée et mélancolique. Toutes deux charmantes, dans son genre, compagnons! Toutes deux aimant regarder les officiers derrière leur dentelle de verdure. Ah! Mme Bouldevesse n'entendait pas que les regards s'élevassent plus haut que le premier, et Mme Bistu n'admettait pas qu'ils descendissent au-dessous du troisième. Ces deux péronnelles avaient, comme toujours, endiablé leurs maris l'un contre l'autre, sous un tas de prétextes vexatoires dont le fond était dans cette jalousie de métier. Les imbéciles y coupaient en plein et embêtaient le commissaire à la journée. Pendant ce temps-là, leurs épouses faisaient tranquillement de l'œil aux godelureaux. Ah! les bonnes bêtes que nous sommes!

II

Cadet-Bitard, qui avait son relieur dans la maison, au rez-de-chaussée, en avait remarqué et l'une et l'autre. Son hésitation n'avait pas été longue. Il avait jeté son dévolu sur Mme Bouldevesse. Des cheveux noirs, un séant abondant et deux étages de moins à monter! L'amour dépend souvent de si petites choses! Mais il eût été méchant de dire que Mme Bistu, avec son petit air de marguerite à demi effeuillée, lui déplût. Il arrivait même de penser souvent : « Fin Hélène — c'était le petit nom de Mme Bouldevesse — je paierai à l'ordre d'Hortense — c'était celui de Mme Bistu — toutes les petites cochonneries qu'elle voudra! » En attendant, il en faisait de considérables, délicieuses et fréquentes, dans le lit du précieux Bouldevesse, ce pendant que celui-ci jouait aux dominos au café d'Orléans, lequel est tout proche de cet endroit. Ah! les bonnes lichées de charnelles tendresses avec cette abondante Hélène et les belles avalanches de neige rose semblant fondre sous le rouge torrent des baisers, comme si les laves du Vésuve s'élançaient tout à coup du Mont-Blanc! Mais notre sacré Bistu, qui ne perdait pas un seul instant d'espionnage, fut bientôt au courant du déshonneur de son ennemi, et, courageusement, il l'en prévint par une lettre anonyme que Bouldevesse reçut au moment où il casait glorieusement son double-six. L'effet en fut tel que le malheureux se laissa tricher par le docteur Choupet des Gribouilles, son partenaire, et perdit tout de même les consommations.

Comme il n'avait aucune imagination, il s'inspira du souvenir de ses lectures, et ayant mis le fatal billet dans son portefeuille, rentra chez lui en faisant le monsieur qui ne sait rien, puis annonça qu'une affaire de famille le forçait à aller passer trois jours dans le Berry, sa patrie. Mme Bouldevesse lui joua la petite comédie accoutumée et prépara elle-même sa valise le lendemain matin. Toujours en exécution du programme ordinaire, Cadet-Bitard fut immédiatement prévenu et apporta sa chemise de nuit le soir même. Car c'est un garçon délicat qui ne veut pas user le linge des autres, même chez eux. Vous avez prévu, n'est-ce pas, la marche des événements. A minuit, violant ce premier sommeil des amants qui se sont couchés à huit heures et qui est ce que je sais de plus respectable et de plus hygiénique au monde, un coup sévère était frappé à la porte. — Ouvrez, au nom de la loi! criait une voix furieuse de fonctionnaire, réveillé aussi pour une corvée. Hélène faillit s'évanouir. Elle préféra fourrer à Cadet-Bitard tous ses vêtements sous le bras en le poussant dans l'escalier de service. Après quoi, ayant rajusté tant bien que mal sa toilette, elle ouvrit en feignant la surprise et en se frottant les yeux avec les revers éburnéens de ses mains.

— Un homme est ici avec vous, madame, fit le commissaire.

— Où est-il que je l'extermine ! hurla Bouldevesse, en se tenant prudemment derrière le magistrat.

— Je ne sais ce que vous voulez dire, répondit ingénument Mme Bouldevesse, et vous êtes fou, mon ami. Je suis seule ici. Cherchez.

Minutieusement guidé par Bouldevesse qui s'était enhardi, l'homme du constat fouilla les rideaux, regarda sous les meubles, se fit ouvrir tous les placards et regarda son client du mauvais air d'un homme qu'on a dérangé pour rien.

Bouldevesse, un peu désappointé et se demandant s'il n'avait pas été lui-même le jouet d'une mystification, se frappa soudain le front et courut à l'escalier de service. La porte que Cadet n'avait pas osé pousser fort, pour ne pas faire de bruit, était entre-bâillée. Plus de doute. C'est par là que le coupable s'était enfui. Mais lui, malin, lui Bouldevesse, avait fermé la porte d'en bas à double tour. Impossible de sortir de la maison. Le gredin n'échapperait pas. Et vite, sur cette piste nouvelle, il entraina le défenseur de la morale publique. Tous deux grimpèrent l'étroit escalier, pensant que c'était vers les combles que le délinquant se serait dirigé.

III

Mais au second, la vue d'une petite porte mystérieusement ouverte dans le mur et d'où ne s'exhalait pas précisément un parfum de verveine, inspira une nouvelle idée au mari jaloux. Peut-être le larron d'honneur se serait-il tout simplement arrêté là pour s'y barricader, l'usage étant de s'enfermer soigneusement dans cette retraite pour y dire les oraisons qu'elle comporte. En effet, le verrou était mis en dedans et le doute n'était plus permis. L'adultère était venu demander là droit d'asile. — Ouvrez au nom de la loi! répéta le commissaire. Un vague froufrou de haut-de-chausses, qu'on rajuste à la hâte, se fit entendre derrière l'huis, le verrou grinça en se détendant, l'huis s'ouvrit et le pauvre Bistu qu'on avait dérangé dans ses fonctions naturelles, demanda, avec terreur, ce qu'on lui voulait. Pris d'un impérieux besoin, il avait descendu un étage pour trouver ce qui, dans cette maison ancienne et peu confortable, n'avait pas été mis sous la main de tous les locataires. Bouldevesse le comprit bien et en fut fort désappointé. Mais sa haine corse l'emportant sur la justice et sur la raison, l'occasion unique de faire traîner en prison son ennemi lui étant offerte, il cria, en montrant le pauvre Bistu au commissaire : —Monsieur le commissaire, c'est lui!

Le commissaire, qui en avait assez, intima l'ordre à Bistu de le suivre, mais celui-ci ne se laissa pas faire.

Il protesta, il menaça, il jura qu'il était un des locataires de la maison, il proposa de réveiller les voisins pour se faire publiquement reconnaître d'eux. — Nous la connaissons, continuait le magistrat. Venez reprendre vos hardes chez votre complice et en route.

— Mais ma femme m'attend! hurlait Bistu.

— Votre femme! répondit sévèrement le commissaire. Ah! vous aussi vous êtes marié! Eh bien! c'est du propre!

— Je vous dis que ma femme est là au troisième, avec qui j'étais couché il n'y a qu'un instant, qui vous le dira...

— Ne l'écoutez pas, monsieur le commissaire! poursuivait l'impitoyable Bouldevesse.

— Il faut voir, cependant, fit le commissaire ébranlé par la protestation énergique de Bistu.

— Vous allez vous fatiguer inutilement! hasarda Bouldevesse.

Mais le commissaire suivait Bistu dans l'escalier et, lui-même, machinalement, le suivit. Arrivé au second, Bistu dit au commissaire :

— Excusez-moi, monsieur, et permettez-moi de vous faire une prière. Ma femme est très nerveuse; elle repose, et il ne faut pas lui causer un trop vif saisissement. Laissez-moi entrer le premier, je l'éveillerai doucement, je la rassurerai et vous l'interrogerez ensuite à votre gré.

— Soit! fit le magistrat, et il fit signe à Bouldevesse de marcher légèrement.

Bistu rentra donc sur la pointe des pieds chez lui, suivi de ses deux compagnons qui l'attendirent dans l'autre chambre. Tout à coup ceux-ci entendirent un cri terrible et virent rentrer le malheureux pâle comme la mort. Dans son propre lit ne venait-il pas de découvrir notre Cadet-Bitard auprès de sa femme endormie! Le drôle, dans sa fuite, ayant rencontré, en effet, au troisième, une porte entr'ouverte, celle que Bistu avait laissée ainsi pour s'aller soulager, était entré au hasard, avait aperçu Hortense dans sa couche, toute seule, dormant, et s'y était blotti, après avoir soufflé la lumière, ce qui avait permis à celle-ci de penser que c'était son mari qui réintégrait les draps conjugaux. Jusqu'où avait été cette erreur dans le demi-sommeil qui laisse la femme si délicieusement consciente aux caresses! Je ne le sais pas, mais l'interrogatoire de Bistu, au seuil du *buen retiro*, n'avait pas duré moins d'une demi-heure, et Cadet-Bitard, comme le Gascon de Gustave

Mathieu, avait peut-être eu pour grand'mère une hirondelle, mais certainement pour grand-père un moineau.

L'infâme Bouldevesse fut pris d'un fou rire dont le commissaire réprima, à grand'peine, les élans scandaleux. Il dut défendre Cadet-Bitard contre Bistu qui le voulait tuer.

— Au moins, dressez procès-verbal! s'écria celui-ci.

— Impossible, ce n'est pas vous qui avez porté plainte, répondit avec raison le magistrat.

Le commissaire était un bon vivant. Pendant que Bistu et Bouldevesse se flanquaient une indigne tripotée, entre le troisième et le premier, il accepta le bock que lui offrait Cadet-Bitard, prodigieusement altéré par ces événements. Le café d'Orléans n'était pas encore fermé. Ils y trouvèrent encore le docteur Choupet des Gribouilles qui leur offrit un cigare et, usant de son pouvoir discrétionnaire, le commissaire laissa l'estaminet ouvert deux heures de plus que ne le voulaient les règlements, à la grande joie des consommateurs et pour y faire, lui-même, un jacquet avec notre ami.

IV

Le lendemain matin, Cadet-Bitard résumait ses impressions dans ce nouveau *sonnet fantasque :*

Les Augures

Comme les devins méditant
L'avenir et son long mystère,
Le front lourd et penché sur terre
Les cocus ont l'air important.

On devine, en les écoutant,
Qu'ils ont quelque chose à vous taire.
Mais qui lit dans leur cœur austère,
Sait le secret qu'ils cachent tant.

Enfin, ressemblance parfaite
Avec ceux de la gent prophète
Et dont vous serez étonnés.

Les cocus, comme les augures
Ne se montrent pas leurs figures,
Sans aussitôt se rire au nez.

LE PERROQUET

LE PERROQUET

I

Eraste, Icare et Damoclès...

murmura à demi voix notre Cadet-Bitard, ce pendant que le train dominical, sous un long panache de fumée, l'emportait à travers cet admirable paysage de banlieue qu'enferme la Seine dans une triple boucle d'argent. Son ami Clodomir Nouillatopin, et la jolie Marcelle Frimousse, maîtresse du dit Clodomir, aussi bien que leur compagnon de voyage Thomas Bombardier, le regardèrent avec quelque étonnement. Que diable voulaient dire ces trois noms accouplés dans un vers ? Et Cadet, toujours enfoncé dans une méditation mystérieuse, reprit en intervertissant :

leure, Eraste et Damoclès !...

— Rueil ! cria l'homme du chemin de fer.

Tous quatre descendirent, Marcelle en montrant un bout de mollet qui fit loucher Cadet et le sembla sortir de sa rêverie de poète. Tous quatre allaient, en effet, déjeuner et passer l'après-midi dans la jolie propriété de Mⁿᵉ des Péronnelles que tout le monde savait veuve, sans que personne eût connu son mari, et que Marcelle avait connu dans le monde où l'on s'amuse pour vivre. Mᵐᵉ des Péronnelles aimait à recevoir des Parisiens le dimanche. Clodomir y venait à la suite de Marcelle, Cadet-Bitard à la suite de Clodomir et Bombardier pour y tirer de petits feux d'artifices au dessert, occupation qui le faisait beaucoup rechercher. La maison était de tenue bourgeoise jusqu'à l'austérité. Rien n'égale les cocottes sur le déclin pour donner le cachet d'honnêteté à leurs gens. Ceux-ci se rattrapent en les traînant dans la boue aux antichambres. Mais les demi-provinciaux qui habitent cette ceinture de Paris sont ou font les dupes de ces fausses manières. Le pain béni vendu une fois l'an et quelques aumônes au bureau de bienfaisance, on devient : « Madame! » gros comme ça! de « fille une telle » que vous appellerait un président.

Fort jolie encore, Mme des Péronnelles, et d'aimable embonpoint. Mais infiniment de réserve et blâmant sévèrement Marcelle de ses façons garçonnières avec les messieurs.

La voiture attendait à la gare. En cinq minutes on fut rendu à destination, dans un grand embaumement de glycines s'escaladant aux treilles, de chèvrefeuilles accrochés aux grilles des villas, de rosiers grimpants s'ouvrant comme des constellations d'étoiles blanches. Et, le long de la route pleine d'éclats de rire, la Seine, d'un bleu pailleté d'argent, comme un maillot de clowns, sillonnée d'yoles et de norvégiennes échangeant des cris d'appel et rasées, de temps en temps, par l'aile blanche des voiliers. Toute une poésie citadine dans un semblant délicieux de campagne, et, au loin, de tous les villages, les cloches tintant l'Angélus de midi.

— Que vous êtes gentils, s'écria Mme des Péronnelles en les recevant. Puis elle embrassa Marcelle et serra les mains de Cadet, de Nouillatopin et de Bombardier. Ceux-ci firent un tour sur les allées désespérément ratissées du parc, entre deux bandes égales de buis semblant des favoris verts, ce pendant que leur compagne allait retirer son chapeau dans l'appartement de son amie. Cadet suivit d'un regard mélancolique la silhouette vite disparue de Marcelle qui, son mantelet déjà sur le bras, laissait voir une taille rondelette bien dressée sur un voluptueux séant.

Puis tous trois causèrent avec le perroquet favori de Mme des Péronnelles dont le perchoir avait été porté à l'ombre d'un tilleul; un oiseau singulier qui avait appartenu à Mme d'Estourville et en avait pris l'habitude d'intervertir les lettres dans les mots. Je ne vous aurais pas engagé à vouloir lui faire dire : « Madame, voulez-vous une pierre fine? »

ou quelque autre phrase dangereuse du même goût. Mme des Péronnelles adorait cet animal et tout le domestique de la maison était à son service. Cucu! par ci! Cucu! par là! — on l'appelait Cucu parce que Coco est bien usé — on n'entendait que cela. Cucu ne buvait que du bordeaux et sa chaînette était de l'argent le plus contrôlé.

— Nous voici! firent tout à coup ces dames.

Et Cadet trouva que jamais la belle chevelure de Marcelle, délivrée de son chapeau, n'avait eu de tels reflets d'ébène vivant et de fluide lapis. Bombardier, qui avait compté sur une plus longue absence des dames pour préparer ses pyrotechnies enfantines, les rentra brusquement dans sa poche avec un désappointement dans le regard.

II

Déjeuner excellent, mais gâté par sa convenance parfaite. On ne dit pas une cochonnerie à cause de la valetaille. Cadet faillit en avaler sa langue, en même temps que celle d'un veau fort bien accommodé aux carottes nouvelles. Pour se désennuyer, il murmurait encore, mais si bas que seul il s'entendait :

Eraste, Ieure et Damoclès!...

ou

Ieure, Eraste et Damoclès!...

Quant à Bombardier, il était tout chose, craignant qu'au dessert l'allumette d'un fumeur ne fît partir un bouquet dans sa poche. Seul Clodomir Nouillatopin était dans son assiette, en compagnie d'une admirable tranche de melon qu'il renouvela trois fois. Marcelle et Mme des Péronnelles minaudaient. Cadet en profita pour s'apercevoir que les dents de Marcelle étaient d'une blancheur adorablement laiteuse. Après le premier service, il était déjà très sympathiquement disposé pour elle; après le second, il en était franchement amoureux. Au dessert, il s'était avoué qu'il ferait cocu son ami avec délices. Au café, il en chercha les moyens, ayant remarqué que Mlle Frimousse répondait à ses œillades de la plus encourageante façon. Ses bonnes dispositions devinrent moins obs-

cures encore quand les chaises se furent
séparées pour détendre les jambes lassées.
Très naturellement, sous un coin de nappe,
celles de Marcelle vinrent frôler les cuisses
et les mollets essentiellement impressionna-
bles de Cadet. Il en eut un frisson qui lui
monta jusque dans les reins. Cette chair tiède
à travers l'étoffe lui faisait passer, sous la
peau, de délicieuses piqûres. L'abandon devint de plus en plus grand; Marcelle laissa
tomber son mouchoir et Cadet mit plus de
temps à le ramasser que ne le doit faire, au
sérail, une sultane bien élevée. Dieu me
damne! Marcelle crut sentir, sur le bout de
son pied, la chaleur d'un baiser. Quand Cadet
sortit de sa cachette de toile qui le coiffa, un
moment, comme une nonnain, il lui sembla
que Nouillatopin avait l'air embêté et inquiet.
Il se tortillait gauchement sur son siège en
roulant maladroitement une cigarette. Bombardier cherchait visiblement à s'échapper
pour aller disposer ses artifices. Mais Mme des
Péronnelles l'avait accroché et ne le lâchait
pas. Au demeurant, un certain malaise était
entre tous ces gens, réunis cependant dans le
but unique de se divertir dans un très joli

coin de nature où ne montait pas la joie insupportable et bruyante des canotiers.

Un souffle d'orage ajoute à cette déplaisante impression. Le temps se couvrit presque subitement. Un long frisson du feuillage chassa les oiseaux des hautes branches et sema leur vol muet et tremblant dans les taillis. Puis une chaleur de plomb se répandit dans l'atmosphère. L'amoureuse griserie qui passait, en même temps, aux fronts de Marcello et de Cadet, fut comme exaspérée par cet état électrique de l'air, et ils commencèrent à se regarder comme des gens qui se disent : Jamais nous ne pourrons attendre plus longtemps! Clodomir comprenait-il ce silencieux langage? Toujours est-il qu'avec une impatience croissante, il se promenait de long en large, comme s'il eût logé le diable dans ses entrailles. Bombardier avait la mélancolie d'un pyrotechnicien qui prévoit que ses chandelles romaines seront mouillées. La politesse obséquieuse de Mme des Péronnelles pour ses hôtes, l'empêchement de sa nombreuse livrée à leur moindre mouvement devenaient certainement oppressifs à tout le monde. On se sentait, dans cette politesse, comme dans une prison. Résolument Cadet-Bitard disparut à l'anglaise. Tout le monde eut voulu l'imiter. Mais Mme des Péronnelles y mit bon ordre en faisant remarquer, finement d'ailleurs, l'inconvenance de sa conduite. Au reste l'absence de Cadet-Bitard, que Marcelle avait suivi d'un long regard, dura quelques secondes à peine. Il reprit sa place dans une partie de billard anglais.

III

— Madame! Madame! Au secours! Cucu est envolé!

Ainsi clama Adèle, cámériste accréditée de Mme des Péronnelles. Et toutes les voix crièrent dans l'antichambre:

— Madame! Madame! Cucu est envolé!

Mme des Péronnelles, après un geste vite réprimé d'évanouissement, s'élança dans le jardin. Tous les domestiques y étaient déjà, se montrant Cucu perché sur un peuplier, lissant ses pattes velues de son gros bec, faisant la sourde oreille aux appels qu'on lui prodiguait, et prenant, de plus en plus, l'attitude d'un oiseau qui se fiche de ses patrons. Mme des Péronnelles se laissa tomber sur un banc. — Cucu! cria-t-elle à son tour dans un sanglot. Cucu répondit par une belle petite crotte blanche dans l'immensité.

Alors les avis commencèrent à se donner cours. Il fallait mettre le perchoir sous l'herbe et emplir ostensiblement les mangeoires de graines de solanées dont les perroquets sont particulièrement friands. Non! On ferait grimper un enfant dans les peupliers avec un filet à papillon. Non! Traîtreusement, avec un sécateur emmanché au bout d'une longue perche, on couperait, à l'origine, la branche sur laquelle était Cucu et qui l'entraînerait dans sa chute. Qui prenait part à ce conseil des ministres devant lequel Mme des Péronnelles continuait à se lamenter en pleurant : Cucu! Cucu?... Tout le monde, hormis Cadet, Nouillatopin, Bombardier et Marcelle. Ceux-ci avaient disparu, comme par enchantement, dans la maison vide, et sans que personne y fît attention, tant était grande et poignante l'émotion de ses habitants ordinaires.

Un divan oriental, d'un moelleux incomparable, occupait une partie du cabinet de toilette de Mme des Péronnelles. C'est là que, durant le tumulte extérieur, Cadet-Bitard et Marcelle, qui s'y étaient rencontrés comme par hasard, goûtèrent les délices innocentes, quoi qu'on dise, de l'Amour. Si le baiser est cependant un crime, par trois fois ils furent criminels. Dans cette intimité, plus grande et plus parfaite des caresses, notre ami découvrit que Marcelle avait les cheveux plus noirs et plus épais, les dents plus petites et plus blanches, le derrière plus confortable et plus copieux qu'il ne l'avait même rêvé, d'après ses timides découvertes. De son côté, Marcelle le trouva plus vaillant même que sa renommée. Sans remords aucun, et avec un parfait contentement l'un de l'autre, la conscience à l'aise et une saveur de tendresse à la bouche, ils redescendirent donc furtivement, lui un peu avant elle, qu'elle eût le temps de renouer ses cheveux.

Il tomba sur Clodomir Nouillatopin qui lui dit, d'un air joyeux :

— Ah! farceur, c'est toi qui as fait échapper le perroquet!

— Parbleu! dit Cadet qui ne mentait jamais.

— Eh bien! tu m'as rendu un fier service!

— Hein!

— Ce sacré melon me foudroyait... J'avais une colique!

Bombardier les rejoignit. Son ruggiérisme était à point.

Et toujours on criait, au dehors : Cucu! Cucu! Cucu!

Chacun délivré de son souci, ils se mêlèrent vivement à la foule des gens de la maison, en criant aussi : Cucu! Cucu! Cucu!

L'effet fut immédiat. Épouvanté de cet accroissement de vacarme, Cucu se décida à monter tout en haut du peuplier, où il n'apparut plus comme un point vert imperceptible, une moucheture dans le feuillage plus clair.

. . . .

Le dîner fut mélancolique. Cette excellente Mme des Péronnelles pleurait si fort dans son potage qu'elle n'arrivait plus à vider son assiette devenue l'assiette des Danaïdes. Au dessert, pan! pan! pan! C'est le feu d'artifice de Bombardier qui part dans la nuit naissante. Pan! fûûû! Un cri horrible. Une chandelle romaine a atteint le malheureux Cucu

qui tombe en répandant dans l'air une odeur vivante de roussi. On le recueille sur le gazon. On le douche. Il respire encore! Mais ce que son petit derrière sent le brûlé...

IV

Le train ramène à Paris nos amis. Marcelle dort dans un coin du compartiment. Son mari, vis-à-vis d'elle, dans l'autre. Bombardier met à son chapeau, de l'air triomphant du chasseur, une plume rose du malheureux Cucu. Cadet, lui, termine le sonnet très fantaisiste qu'il ruminait depuis le matin, et que voici :

Nos Maîtres

Eraste, Ieure et Damoclès
Dorment dans les mêmes ténèbres ;
Mais leurs pets sont restés célèbres
Sous le chaume et dans les palais.

Ils sont comme ces feux follets
Que le phosphore des vertèbres
Fait monter des dalles funèbres
Et qui font peur aux oiselets.

Seule, cette odorante gloire
Nous a conservés leur mémoire.
Pieusement, imitons-les.

Et jaloux d'en être, un jour dignes,
Honorons ces péteurs insignes :
Ieure, Eraste et Damoclès !

Toutes mes excuses pour notre ami !

LES UNIJAMBISTES

Les Unijambistes

I

Sur les tréteaux crasseux se dressant au bout de la grande salle, derrière un rideau flottant de fumée, et où, tour à tour, quelques sous-Paulus étaient venus se gargariser en public, puis étaient montées des demoiselles décolletées, celles-ci par le haut, celles-là par le bas, toutes infiniment trop pour l'honneur de leurs tétons ou de leurs mollets ; après de nombreux échantillons de ce beau répertoire des cafés-concerts qui est — à peu près comme l'a écrit Victor Hugo, du calembour — la fiente, non pas de l'esprit qui vole, mais de l'esprit défunt, le *great attraction* annoncé par les affiches et ainsi désigné : Les Unijambistes, *par les célèbres* Frères Rotenfluth, se manifesta au milieu d'un étonnement général.

Voici exactement le spectacle qu'on eut sous les yeux : deux hommes semblant soudés par le torse, se tenant étroitement par la taille, de façon à n'avoir qu'une main libre chacun, n'ayant qu'un même tronc posé, lui-même, à droite et à gauche, sur deux jambes seulement beaucoup plus écartées que ne le sont habituellement les jambes du même individu. Ce bipède monstrueux, en partie double jusqu'à la ceinture, commença de s'agiter. Après s'être promené sans canne, tout le long de la scène, il esquissa des pas de rigodon, tourna sur un seul pied, l'autre dans la main, valsa avec lui-même les bras tendrement enlacés sur les reins. Et les deux têtes, deux têtes qui se ressemblaient un peu, souriaient aux spectateurs ; ce Janus terrible aux deux

faces dessoudées lançait des œillades à la
hauteur des loges où la cocotterie rouennaise
tenait ses assises, s'esclaffant devant cet
odieux phénomène. Car enfin, qu'était-ce que
cela ? Deux hommes mutilés symétriquement
et s'étant artificiellement rejoints pour le plus
difficile exercice qu'on puisse rêver ? C'est ce
que l'affiche et les programmes affirmaient ;
mais les bouts de papier mentent même quand
les périodes électorales sont closes. Ou bien
un seul homme, une façon de veau à deux
têtes, comme on en exhibe quelquefois dans
les ménageries et qu'un artifice d'habillement
dédoublait dans la partie supérieure, les deux
bras enserrant les deux tailles n'étant que des
pièces articulées ? Pendant que cet être sinistrement fantastique s'évertuait en gambades
douloureuses, la populace agitait passionnément ces deux hypothèses. Fallait-il dire : les
célèbres frères Rotenfluth, ou : le frère Rotenfluth ? Tout était là.

La jolie marquise Choupet des Gribouilles,
que son mari avait confiée à Cadet-Bitard,
pour la conduire à cette représentation extraordinaire — il faut bien s'encanailler quelquefois — pendant que lui-même perdrait quel-

que argent au Cercle des Canards, le plus aristocratiquement hanté du chef-lieu de la Seine-Inférieure, était particulièrement curieuse de ce problème. Elle en était comme une folle et suppliait notre ami de la renseigner sur ce point délicat. Cadet, qui avait ses entrées dans les coulisses de la maison, lui promit de consacrer le premier entr'acte à l'éclaircissement de cette question. Il interrogerait plutôt les artistes eux-mêmes. Et le rideau étant tombé, pour quelques minutes, après ce clou de la soirée, il se rua, fidèle à sa promesse, dans les sous-sols où s'habillaient les sous-Paulus et où les demoiselles décolletées essayaient leurs miaulements.

Et la jolie marquise Choupet des Gribouilles, à qui Cadet-Bitard faisait une cour jusque-là sans récompense, ayant au fond toutes les malsaines envies des désœuvrés de cette fin de siècle, pensait, durant ce temps-là :

— Il est où ils ne sont pas mal et ça doit être bien drôle.

Et elle s'éventait dans cette lourde atmosphère sans être toutefois tentée de quitter ce vilain monde dans lequel sa beauté, faite de fierté douce, fleurissait comme un lys dans un

champs de gratte-culs. L'attirance du laid la
clouait à ce mauvais fauteuil de velours usé
dont son noble derrière tolérait les caresses
de goujat.

II

Un superbe bâton de sucre de pomme,
comme en portent les maréchaux d'opérette,
sous le bras, Cadet revint au moment même
où un tintement de sonnette annonçait la re-
prise des hostilités contre le bon goût et contre
le bon sens. Mais il faut rendre justice à la
jolie marquise Choupet des Gribouilles qu'elle
n'écouta plus un mot des stupidités qui amu-
sèrent si fort la canaille ambiante. Cadet avait
surpris le secret des *unijambistes* et il arrivait
pourvu d'un roman fort émouvant ma foi,
comme vous en allez pouvoir juger. Ils étaient
bien deux, les Rotenfluth, et vraiment deux
frères, fils d'acrobates eux-mêmes. Quand la
guerre avait éclaté, celle qui nous coûte si
cher, ils avaient l'un seize ans et l'autre dix-
sept. Pierre et Jean, ainsi s'appelaient-ils, s'é-

taient bravement engagés dans le même bataillon et, tout au commencement de la campagne, avaient été d'un régiment marchant au feu. Or, dans l'une des affaires où nous perdîmes le plus de monde, sinon le plus de gloire, tous deux avaient été grièvement blessés et, demeurés sur le champ de bataille, étaient restés aux mains de l'ennemi. Pierre avait eu la jambe droite fracassée par un obus. Jean avait reçu au cou une meurtrissure qui l'avait abattu sans connaissance. On les coucha à l'ambulance prussienne, sur deux lits voisins et le chirurgien allemand déclara que la jambe droite de Pierre devait être amputée le lendemain, dès le petit jour. Le jour fut bien petit ce matin-là, en effet, car, les lits ayant sans doute été changés de place, ou trompé par la similitude des noms inscrits sur la double pancarte, le praticien teuton, qui avait peut-être aussi bu un peu trop du bon vin conquis, vous coupa net, par distraction, la jambe gauche de Jean qui ne réclama pas, ayant été préalablement endormi. Il convient d'ajouter que l'excellent docteur s'excusa infiniment de sa méprise, quand le patient fut réveillé, et, ne marchandant pas sa peine, fit enfin, sur Pierre lui-même, l'opération nécessaire et qui n'avait éprouvé ainsi qu'un simple retard dont le pauvre Jean avait profité. Voilà donc Pierre n'ayant plus que sa jambe gauche et Jean que sa jambe droite...

— Ah! mon Dieu! fit la sensible marquise Choupet des Gribouilles, et vous ne savez pas à quelle hauteur a eu lieu la double opération et si...

Cadet-Bitard la regarda avec un étonnement qui la fit rougir légèrement. Après quoi il poursuivit : Les deux frères ainsi mutilés rentrèrent en France avec les autres prisonniers. Chacun d'eux avait un an de plus; tous deux étaient incapables de gagner leur vie par quelque travail normal. C'était, à courte échéance, la mort de misère ou de faim. Car si nous ne remercions jamais un préfet sans lui garder dix bonnes mille livres de rente, quelque temps durant au moins, les pauvres bougres qui se font casser les membres pour de plus nobles raisons que les rivalités électorales et qui sont tombés sur un champ de bataille plus glorieux que le budget départemental, sont loin d'être aussi bien pourvus par la reconnaissante patrie. Heureusement que le Français ne vend pas son sang mais le donne, ce qui fait qu'il est toujours assez payé d'avoir fait son devoir. Les armes ne sont pas une carrière mais un sacerdoce et ce ne serait pas une religion que celle qui n'aurait pas de martyrs.

C'est alors que, se voyant sans ressources, et enfants de la balle d'ailleurs, Pierre et Jean Rotenfluth demandèrent à leur infirmité elle-même des moyens d'existence et conçurent ce singulier mode d'exhibition sur les scènes des théâtres minuscules et des estaminets chantants. Ah! ce fut une chose difficile qu'arriver à mettre les mouvements en harmonie parfaite de deux jambes n'appartenant pas au même corps. Les deux clowns immortels de Goncourt eux-mêmes n'étaient pas parvenus à une communauté d'impression et de sensation plus fatalement despotique. Cette valse surtout! cette valse sur deux jambes. Ils avaient travaillé cela des mois entiers avant de réussir.

Cette petite histoire émut profondément la jolie marquise.

— Mais tout cela n'est-il pas une blague?

demanda-t-elle vivement à Cadet pour sécher
d'un souffle de scepticisme la buée qui montait à ses yeux exquis et pareils à deux violettes de Toulouse, celles-ci étant plus belles
cent fois que celles de Nice ou de Parme.

— Voilà ce qu'on m'a conté, répondit notre
ami, et je n'en sais pas davantage.

Et la marquise Choupet des Gribouilles demeura pensive, comme si elle se demandait
encore : sont-ils deux ou n'est-il qu'un ?... Ou
même ne sont-ils ou n'est-il rien du tout ?

III

Ce n'est pas l'amour, mais bien la curiosité qui perdit Ève. Une grande dame n'est pas perdue pour un caprice indigne peut-être de sa haute naissance et de ses nobles habitudes. Ces plongeons dans une radicale infamie ne peuvent être que rapides et moins dangereux, sont-ils au fond qu'une faiblesse infiniment plus excusable au premier abord. Aussi la jolie marquise, qui tenait infiniment à sa renommée, bien qu'ayant un mari parfaitement digne d'être cocu, hésitait-elle tout à fait à coucher avec notre Cadet-Bitard, qui en était cependant fermement amoureux, tandis qu'elle n'hésita nullement à s'offrir une aventure qu'une honnête femme n'eût pas avouée sans mourir de honte. Chose rare en ce temps-ci et qu'on ne voit plus guère qu'au théâtre, quand on y joue le répertoire, elle avait à son service une soubrette ayant toutes les qualités de celles de comédie, c'est-à-dire toujours prête à la servir dans ses plus extravagantes fantaisies. Ce qui est plus étonnant, c'est que les frères Rotenfluth aient accueilli cette bonne fortune avec la tranquillité de gens à qui telles aventures ne manquent pas. Car il n'est pas, je crois, un de ces phénomènes qui s'exhibent dans un certain public sans y faire des conquêtes parmi les déséquilibrées qui y fréquentent. J'ai connu un chanteur comique bossu pour qui deux admirables filles se sont déchiré le visage avec les ongles. Le drôle eût mérité qu'on le jetât dans un cul de fosse pour avoir causé un tel malheur. Loin de là, il y prit plaisir. Comment s'y prit la jolie marquise pour avoir une entrevue... complète, comme les anciens bains turcs, avec le groupe intéressant des *unijambistes?* C'est affaire à sa camériste de vous le raconter, car c'est elle qui le sait le mieux au monde. Pendant ce temps fâcheux pour son honneur, le marquis pontait et Cadet-Bitard enrageait de n'avoir pu obtenir lui-même un rendez-vous. Le pire est qu'il devina l'épouvantable vérité, quand, le soir même, au moment où il faisait son entrée dans son boudoir, un énorme bouquet de lilas précoce à la main, elle lui dit, avec des joies satisfaites dans le regard :

— Vous savez, Cadet... ce n'est pas le Frère, mais les Frères qu'il faut dire.

Et elle fit siffler l'F du mot : Frère, avec un enthousiasme qui semblait dire : on croirait qu'ils sont plutôt quatre que deux !

Et de fait, ils avaient été six. On n'avait rien vu de pareil depuis la multiplication des petits pains sur la montagne.

Cadet-Bitard résolut de quitter Rouen. Le bon marquis Choupet des Gribouilles fondit en larmes en lui disant adieu. Dans le train qui l'emportait, plein de méditations douloureuses sur la fragilité féminine, il composa ce sonnet héroïque sur les blessés à la guerre :

Sonnet

Au bruit du clairon, gai sonneur,
Débris humains que nul ne raille,
Vous a déchirés la mitraille
Frappant chacun selon son heur.

La guerre, sombre moissonneur,
Vous a, dans la grande bataille,
Fauchés au hasard de la taille,
O vous qui, sur le champ d'honneur,

De son pain glorieux mangeâtes,
Béquillards, manchots, culs-de-jattes,
Arbres mutilés par l'autan,

Heureux qui, dans cette occurrence,
A, comme l'on dit en Provence,
Gardé sa *cambo du mitan !*

Biédasé ! comme on dit encore là-bas.

COLETTE

On ne saurait rien imaginer de plus charmant que la petite rivière dont les rives distantes, au plus, de dix mètres, aux plus larges endroits, se resserraient, en d'autres, bien davantage encore, laquelle coulait au bas de la propriété de ma tante Marthe, et la séparait du territoire de Saint-Gauthier, le plus prochain village, mais n'apparaissant cependant, au-dessus des bouquets d'arbres formant rideau, que par la pointe de son clocher qu'enveloppait un vol de pigeons. Profonde par places, venant se briser, ailleurs, à des ilots d'iris, claire partout et toujours, à moins qu'une pluie d'orage ne vint mêler les poussières de la route à son azur, bordée de saules qui y pleuraient leurs longues larmes d'argent, elle chantait avec un murmure très doux, tant que ses eaux, grossies par quelque averse, n'y mettaient pas la musique tumultueuse d'un torrent.

C'est par les premiers matins d'automne surtout qu'elle donnait, à ce coin de paysage, un charme pénétrant et presque mystérieux. Sous un voile de buées légères que balançaient, en s'enfuyant, les souffles frileux de la nuit, où les rayons naissants de l'aurore faisaient passer de virginales rougeurs, avec des fleurs de rosée aux hautes herbes de ses berges, frémissantes comme des chevelures, elle évoquait des rêves de pureté en péril, je ne sais quelle vision d'innocence prête à succomber. Et bientôt, en effet, l'impétueux soleil, cuirassé d'or comme un guerrier, n'allait-il pas venir déchirer cette robe de vapeurs et embraser cette ombre frissonnante et bleue du feu de ses baisers vermeils? Et les oiseaux qui s'éveillaient dans les feuillées voisines — fauvettes se poursuivant dans les branches avec de petits cris, martins-pêcheurs détendant leur arc d'émeraude, bergeronnettes courant sur les sables avec d'invisibles échasses — semblaient demander grâce pour cette chasteté défaillante. Et, sur les cimes délicatement neigeuses des ciguës, les papillons; aux pointes des roseaux, les libellules; au cœur déchiré des églantines les bourdons battaient des ailes dans une rumeur mélancolique d'épithalame. Le doux spectre de la nymphe Biblis passait dans ces ombrages et y consolait, sans doute, celui de Narcisse aux grands yeux blancs toujours alanguis. L'âme des virgiliennes bucoliques...

— A la bonne heure, mon cher monsieur Cadet-Bitard, fit aimablement, et en interrompant d'ailleurs à l'étourdie, suivant son habitude, la jolie comtesse Letutu des Anges, tandis que ses séraphiques prunelles s'emplissaient d'un affectueux étonnement. A la bonne heure! Il s'en allait temps que vous nous contiez quelque chose de poétique après tant d'histoires incongrues que je n'écoute, croyez-le bien, que du bout de l'oreille et par simple politesse pour vous.

Cadet-Bitard s'inclina dans un geste componctueux de reconnaissance.

— J'ai la honte de vous avouer, comtesse, poursuivit-il, que, n'étant jamais autre chose que mon fidèle historiographe, il m'a fallu remonter fort loin dans ma vie, longue déjà, pour y trouver une aventure d'amour irréprochablement chaste, faite seulement d'intentions passionnées et d'inconscients désirs, convenable jusqu'au ridicule, enfantine presque, une page de Paul et Virginie, cette chrétienne traduction de Daphnis et Chloë. Croyez bien que j'ai, plus tard, pris ma revanche avec Colette...

— Mon Dieu, voilà que vous allez recommencer!

— J'avais dix-sept ans, alors, comtesse, et Colette seize au plus. Nous nous aimions avec des fleurettes que nous cueillions, dans les bois, l'un pour l'autre, avec des billets doux que nous nous glissions, le dimanche à la messe, avec des vers que je faisais pour elle et qu'elle trouvait charmants sans y rien comprendre. Tout nous rapprochait : l'inégalité des positions sociales, ses parents étant de simples paysans, tandis que j'étais déjà bachelier; les mauvaises relations de son père, qui était un filou, avec ma tante, qui était une avare; la dissemblance complète de nos propres caractères, mélancolique que j'étais comme un faon et elle gaie comme un pinson. En un mot, il ne manquait, entre nous, aucun de ces obstacles sur lesquels se fondent les tendresses réelles et obstinées. Elle était, d'ailleurs, fort dodue de partout...

— N'y revenez pas, je vous en prie!

— Comtesse, c'était un simple hommage, rendu en passant, aux convictions de toute ma vie.

II

Le consentement de tous était donc complet pour nous empêcher de nous voir. Nos familles n'étaient d'accord que sur ce point.

La petite rivière facilitait d'ailleurs la double surveillance dont nous étions les objets. Colette habitait d'un côté et moi de l'autre. Or, il fallait aller fort loin chercher un méchant pont de bois, jeté d'un bord à l'autre, tout velouté de mousse ; et le moyen de faire ce trajet sans être vu des gens qui cultivaient tout autour et se levaient de grand matin pour ne rentrer que quand moi-même je regagnais tristement ma chambre ! Il n'y avait qu'un point très ombreux, un coude de l'eau enfoui dans une saulaie profonde où les regards ne pouvaient fouiller que malaisément, les deux berges semblant se rejoindre en un bouquet de verdures. Là on aurait pu passer, d'un rivage à l'autre, sans être vu. Mais aucun batelet n'était mis à notre disposition. C'est alors que je dus à l'impatiente sincérité de ma passion un véritable trait de génie.

En ce point, justement, ma tante Marthe qui, je l'ai dit déjà, était plus qu'économe et faisait laver son linge à la maison, avait fait élever une façon d'abri, avec un rebord de bois luisant de savon, où s'installaient les lavandières pour cette besogne. Un tonneau assez large servait à cette hebdomadaire lessive qui restait là attaché à un anneau de fer par un cadenas. En me recroquevillant, en me mettant « à cropetons » comme dirait le doux François Villon, mon maître, je pouvais m'asseoir à la façon des tailleurs dans le circulaire esquif, et, avec deux battoirs, un à chaque main, comme rames, ou plutôt comme pagaye, je pouvais encore me diriger, à peu près, et faire la traversée entre le bien de ma tante Marthe et ce territoire, sacré pour moi, de Saint-Gauthier, où respirait, mêlant son haleine à celle des fleurs sauvages, celle qui m'était comme une rose farouche dont, les lèvres closes ou tremblantes comme dans une prière, j'osais à peine effleurer le parfum...

— Bravos ! Croyez-moi, mon cher Cadet, il vous sied mieux de dire ainsi de gentes paroles que de nous parler toujours de vos gros...

— Hélas ! comtesse, répondit Cadet-Bitard avec une réelle mélancolie, il faut toujours en finir par là. Mais ce ne sera pas aujourd'hui, puisque j'ai juré de n'effeuiller que des lis à vos genoux ! Notre vie, alors, à Colette et à moi, devint la plus charmante du monde. Et en ce beau temps de septembre où je prenais mes vacances, il faisait jour encore à cinq heures du matin. Elle s'échappait, sous prétexte de quelque soin domestique, s'occupant, elle-même, orpheline de mère qu'elle était, de tous les soins que comportait la petite ferme, ce pendant que son père allait rançonner les pauvres diables aux marchés voisins. Elle accourait au joli coin ombreux que j'ai dit, pieds nus souvent, n'ayant sous une façon de limousine à capuchon qu'un méchant jupon de laine, les cheveux embroussaillés encore de sommeil, le teint doucement flagellé par la brise, palpitante du mouvement de sa course, toute souriante, avec des yeux bleus étonnés comme des volubilis qui s'ouvrent, image exquise du réveil et de la jeunesse. Printemps ineffable parmi tous ces déclins. Et c'était, autours de ses pas, comme un frémissement d'insectes sous les hautes herbes où j'aurais voulu jeter mon cœur sous ses pieds aux délicieuses petite veines d'azur.

Et moi, enveloppé aussi dans une façon de macferlane, ou mieux de carrick que m'avait donné ma tante, vêtement à long collet qu'elle avait été chercher pour moi, dans une défroque de mon oncle, je m'installais de mon mieux dans ma pirogue improvisée, et, me tenant à grand'peine en équilibre dans cette périssoire d'un genre nouveau, je battais alternativement l'eau de l'une et de l'autre des larges et sonores palettes de bois. Après avoir tourné sur moi-même, heurté quelques troncs, soulevé quelques larges éclaboussures d'argent, remorqué, de l'autre rive, par un long bâton de berger que n'oubliait jamais de prendre Colette, je gagnais enfin le Paradis dont l'ange gardien me tendait la perche au lieu de me menacer d'un glaive enflammé.

O délice infini de la première étreinte ! Nos bras se serraient sur nous à nous étouffer. Nos souffles se mêlaient, nos yeux se fouillaient avec d'indicibles tendresses. Tout doucement je l'entraînais, grisé par la tiédeur parfumée de sa jeune chair, sous une petite allée toute vallonnée de gazons où s'ouvraient, constellation de minuscules étoiles, de petites anthémis...

— Et vous me jurez que...

— Pardon, comtesse. Colette est aujourd'hui la femme d'un général et vous n'exigerez pas que je me fasse couper la gorge par ce brave, pour le seul et inutile plaisir de me vanter.

III

Ce matin-là, les eaux étaient plus hautes que de coutume. Il y avait eu un orage pendant la nuit que j'avais passée les yeux et le cœur pleins d'elle. Il en était resté un vent un peu froid, soufflant par rafales et qui vous fouettait au visage. Mais il en eût fallu plus que cela pour nous arrêter l'un et l'autre : un déluge, un tremblement de terre, l'écroulement de Saint-Gauthier sous les laves d'un volcan, comme celui d'Herculanum ou de Pompéï. Le premier angélus tintait au clocher d'où s'effarouchait le vol circonflexe des pigeons quand je mettais à flot mon navire où je me trouvais moins à l'aise que de coutume parce que les lavandières y avaient laissé du savon la veille, ce qui en rendait le fond horriblement glissant. De petites lames le battaient aux flancs avec un clapotement dont j'étais tout secoué. Mais quand Colette, dont le vent avait dénoué les cheveux sur les épaules, en faisant comme des ailes noires, ce qui la rendait encore plus jolie, apparut sur l'autre bord, tout mon courage me revint, et, en cinq coups de battoir dans l'eau agitée, je fus au milieu de la rivière. Un sixième coup, où je développai tant de vigueur qu'une de mes rames improvisées m'échappa des mains et disparut rapidement dans le courant. Un remou me faisait justement tourbillonner en ce moment. Impossible de transformer en godille le seul battoir qui me restait, le tonneau n'offrant aucun point d'appui. Colette vit ma détresse et poussa un cri de terreur. Cependant je descendais, je descendais au cours de l'eau; j'allais atteindre un point où je n'étais plus dissimulé par les feuillages. Je m'accrochai à une branche de saule qui pendait. Elle se brisa, mais pas avant de m'avoir entraîné contre une racine en pointe qui défonça le baquet. Je faisais eau! J'enfonçais. C'était au plus profond de la rivière que j'avais été repoussé par la rupture de la branche fatale. Et je ne savais pas nager! Et c'en était fini de moi... Un bruit de chute dans l'eau. Colette, l'héroïque Colette qui, de l'eau déjà au-dessous des seins, me tendait son bâton de berger. D'un effort désespéré, je pus l'atteindre... J'étais sauvé! sauvé par elle.

Ma reconnaissance, comtesse, ne connut pas de bornes. Comme, dans le mouvement impétueux qui l'avait précipitée de ce Leucate, elle avait perdu son méchant jupon de laine que le courant était en train d'emporter vers la Creuse, je n'hésitai pas à détacher du carrick de feu mon oncle le grand collet qui en était l'honneur, et j'en improvisai un jupon nouveau pour Colette qui eût été sans cela toute nue sous sa limousine. Je la réchauffai de mon mieux. Je l'appelai des noms les plus tendres...

— Et... rien de plus ?

— Vous m'avez demandé un conte chaste, comtesse, et voilà que c'est vous qui tendez des pièges à ma bonne volonté. Non ! rien de plus, vous dirai-je, pour ne pas manquer à mon serment. D'ailleurs, la tante Marthe, furieuse de la perte de son baquet et de la dégradation de vêtement que je m'étais permise, me réexpédia à Paris, dès le lendemain matin.

IV

— Et vous ne revîtes jamais Colette ?

— Si, comtesse, et maintenant que mon histoire est finie, sans accroc pour la vertu, je ne ferai aucune difficulté de vous apprendre, si vous me promettez de ne rien dire au général, qu'elle devint ma maîtresse à Paris, et m'y mangea, avant de se marier elle-même, le meilleur de mon saint frusquin. Mais j'en étais fou, et, me remémorant notre aventure nautique de là-bas, avant qu'elle ne devînt une drôlesse, je composai ce sonnet qui disait bien toute notre histoire et tous mes sentiments obstinément fidèles :

Sonnet-boutade

Mieux vaut un printemps sans violette,
Une nonnain sans chapelet ;
Mieux vaut un habit sans collet
Que l'existence sans Colette !

Mignarde, amoureuse, replète,
Le néné ferme et rondelet,
Tout, en sa personne me plaît,
— Hormi son goût pour la toilette.

Car il me laisse sans argent,
Et, de mon costume indigent,
Rit le miroir qui le reflète.

Mieux vaut, — au risque d'être laid, —
Plutôt que vivre sans Colette,
Porter un habit sans collet.

NANI

I

Il n'a rien moins fallu que le génie revivifiant, symbolique et foncièrement chrétien de Victor Hugo pour ressusciter, dans l'immortalité, cette légende de Booz, laquelle, pour être une des plus touchantes de la Bible, ne méritait peut-être pas absolument cet honneur. Qu'y voyons-nous, en effet, à réduire les choses en leur dernière expression? Un vieillard qui épouse une belle fille pauvre, étant riche lui-même. Il faut bien le génie peu lyrique de la race juive, en matière de dévouement surtout, pour trouver rien d'héroïque à cela. Cela se fait couramment de nos jours, en provoquant un tout autre sentiment que celui de l'admiration. Ce qui eût été vraiment noble et sublime à ce vieillard, c'eût été de choisir un beau gars, jeune aussi, dans la tribu, ou plutôt de le faire choisir par Ruth elle-même, selon son cœur, et de doter royalement le jeune ménage. Mais ces façons de sacrifice semblent dépasser l'imagination d'un peuple que l'intérêt personnel semble avoir guidé, sans relâches, à travers l'humanité. Tout ce qui nous est montré, dans son histoire écrite par lui-même, comme particulièrement recommandable et digne d'être loué, n'excède pas un sacrifice sage à la crainte d'un Dieu qui n'était d'ailleurs ni meilleur ni plus généreux que ses élus. Il paraît que le proverbe : « Qui se ressemble s'assemble, » est vrai même dans les relations internationales entre le ciel et la terre. La vraie notion de la grandeur dans les actions et dans les choses nous vient de la race grecque, continuée par la latine, revivant encore dans quelques-uns d'entre nous. Hors de là, aucune délicatesse profonde dans les sentiments, aucune recherche de l'au-delà dans les actes, aucun oubli de soi-même pour quelque joie éperdue de la conscience. Ce Booz, qui réchauffe sa vieillesse caduque au soleil de la jeunesse d'une vierge et s'offre la joie suprême d'aimer, avant de mourir, ne me paraît pas devoir être cité parmi les victimes immortelles d'une idée grande et désintéressée.

Et, pour en avoir fait justement autant que lui, je ne demande pas une couronne de lauriers pour le métayer Trousselard qui, lui aussi, ayant dépassé la soixantaine, et rencontré, dans un champ de blé, une adorable créature de dix-huit ans gagnant mal sa pauvre vie, en avait fait sa femme, devant les autorités religieuses et civiles, pour le plaisir de coucher avec elle sans se faire, à lui-même, une mauvaise réputation. Ce Booz Gascon ne vous est pas donné en exemple. Car c'est vendre cher le pain et le foyer à une malheureuse qui rêve de quelque époux bien assorti avec elle, vaillant aux travaux de nuit comme aux ouvrages diurnes, que d'en exiger, en échange, cette manne des baisers et ce feu vivant des caresses qu'aucun trésor au monde ne saurait payer. La Ruth de M. Trousselard s'appelait Germaine. Sauf le doux Salomon, dans le Cantique des Cantiques, les poètes juifs ont été sobres de descriptions féminines. Encore n'est-ce pas donner une idée bien précise de la beauté d'une demoiselle que de la comparer à une tour d'ivoire. Nous ne connaissons le portrait ni de Rébecca ni de Judith, ce qui est vraiment dommage. Je me fais bien, de cette dernière, une image qui m'en a longtemps rendu amoureux. Mais pure affaire d'imagination, sans doute. En tout cas nous ne savons rien des traits de Ruth. Je ne veux pas tomber dans le même travers narratoire à propos de Germaine. Sachez donc, tout de suite, que celle-ci était de taille moyenne, de peau brune et veloutée comme une pêche de Montauban, bien dodue en ses formes savoureuses, mamellique et pétardière à souhait; qu'elle avait le front perdu dans une chevelure noire aux reflets de mûre, la bouche bien arquée sur des dents blanches et aiguës comme des flèches, des yeux d'un velours liquide inexprimablement caressant. Au moral, ce que peut être une fille élevée en pleine campagne, n'ayant rien appris qu'à aimer les bêtes, ce qui est bien déjà quelque chose, pas du tout raffinée en matière de sentiment, et qui avait accepté gaiement d'être Mme Trousselard, parce qu'elle en avait assez de mourir de faim, se sentant un glorieux appétit.

Et ceci se passait non loin de Cubsac, célèbre par son pont, dans le bon pays où le soleil fait les femmes savoureuses, les filles aimantes, et les paysans ridés avant l'âge, comme de vieilles pommes trop cuites.

II

Trousselard était riche, ai-je dit, mais avare aussi. Ceci mène à cela et ceci est rarement sans cela. Il ne s'était donc nullement préoccupé de bâtir un temple à la déesse qui avait daigné toucher son seuil. Tout simplement avait-il installé la nouvelle épousée dans la méchante chaumière qu'il avait habitée toute sa vie et où il avait amassé ses écus, en les comptant chaque jour, comme un hanneton qui va prendre son vol. Cette sordide maison n'avait qu'un étage, et la chambre qui la composait presque tout entière recevait le jour par une façon de baie largement ouverte, au-dessous de laquelle le paysan avait installé son lit d'où il pouvait voir ainsi dans la campagne, sans avoir même la peine de se lever. C'est que l'étable était vis-à-vis et qu'ainsi Trousselard pouvait surveiller son bien, sans se déranger de ses draps. Entendait-il quelque bruit, il envoyait son chien en sentinelle, ou il se levait lui-même pour aller faire une ronde, si la lune ne lui permettait pas de juger à distance de ce qui se passait. Quand il ne coucha plus seul, c'est dans cette ruelle que surmontait la baie qu'il assigna à Germaine sa place conjugale. Ce serait elle, dorénavant, qui, à la première inquiétude, jetterait les yeux sur le domaine et lui-même, sur le devant du lit, pourrait tranquillement dormir, ayant ainsi sa femme aux avant-postes. Et le matin ne s'en faisait faute et ronflaitil comme une vieille toupie d'Allemagne, auprès de cette belle créature pareille à une fleur au calice ouvert sous un ciel sans rêves et sans rosée. On était en plein été et les nuits étaient pleines de senteurs voluptueuses ; l'aile des caresses y battait dans le moindre souffle où les fleurs avaient uni leur âme. Tout, dans la nature recueillie, sous les étoiles, était comme un innombrable bruit de baisers. Les phalènes se poursuivaient dans un bourdonnement et les cigales amoureuses se cherchaient. C'était vraiment à n'y pas tenir pour une jeune femme ayant tous les instincts de la vie, sinon toutes ses pensées, délicieusement bestiale dans son innocence, rivée à cet orgue mugissant qui troublait la musique sacrée des choses. Il était d'ordre public, de fatalité morale, que ce Trousselard fût cocu. Les dieux lui devaient cette aubaine pour son impertinence. Les dieux n'avaient pas mis Cadet-Bitard au monde pour autre chose que pour réparer cette iniquité et relever ce beau lys penché sur sa tige, comme fait le jardinier à la plante qui meurt faute d'être arrosée. Cadet-Bitard devait être le *quos ego* de cette tempête intérieure dont l'âme d'une femme révoltée contre les injustices du sort était agitée. Le hasard l'avait justement amené à Montauban où la contemplation du *Vœu de Louis XIII*, de M. Ingres, ne devait pas suffire à occuper longtemps ses loisirs. Aussi parcourut-il volontiers la campagne voisine, tout ce beau paysage du Tarn où les maisons de brique se mirent dans le fleuve, avec des serpents de vermillon qui semblent descendre au fond de l'eau, où le peintre Nazon, trop oublié aujourd'hui, avait surpris le secret de ces calmes soleils couchants qui l'avaient fait tout de suite et très justement comparer au Lorrain.

C'est dans une de ces pérégrinations matinales, les pieds dans la rosée et le front dans les fraîcheurs caressantes des brises fluviales, que notre Cadet avait rencontré Germaine et, en expert des beautés que les plus sordides vêtements ne sauraient cacher tout entières, en avait éprouvé un de ces désirs faits de santé et de bon goût où s'affirme, chez les braves gens, la virilité vaillante encore. Il en avait fait l'aveu loyal à celle qui en était l'objet, et la nouvelle Ruth l'avait accueilli sans colère. Elle avait même poussé immédiatement la bonne volonté jusqu'à lui indiquer comment il s'y pourrait prendre pour faire notre Trousselard cocu en toute sécurité.

III

Il faut vous dire qu'avant l'arrivée de ce consolateur inattendu, Germaine avait trompé ses impatiences sensuelles en déversant, sur les bêtes de la ferme, le superflu de tendresse mystérieuse dont elle sentait son cœur gonflé. Elle passait la plus grande partie du jour à l'étable, plus pour son agrément que pour y donner les soins nécessaires. Une des vaches, surtout, du métayer, était devenue sa favorite. Nani — ainsi s'appelait-elle — était blanche avec de grandes traînées de brun clair et chaud sur les flancs, comme les marrons qu'on ouvre avant la maturité. Sa grosse tête était coiffée d'une toison moutonnante et ses naseaux, toujours humides, étaient roses comme du corail mouillé. Elle avait la douceur des yeux particulière aux ruminants, et qui leur vient sans doute de regarder toujours les petites fleurs dans l'herbe. Dès qu'elle apercevait sa maîtresse, sa langue lourde et tiède lui pendait à demi des lèvres, et Germaine tendait volontiers son bras nu à ce léchement plein d'une affection infinie. Nani avait fini par vivre presque en liberté, suivant Germaine comme un chien et, dès le petit matin, sur un appel à demi voix de la métayère, ouvrait-elle la porte de l'étable, en la poussant du front, et venait-elle, joyeuse, jusqu'à la fenêtre dont j'ai parlé plus haut. Elle n'avait plus alors qu'à allonger la tête pour rafraîchir, de son souffle caressant, les épaules et les cheveux déroulés de la métayère qui, à demi endormie encore, prenait grand plaisir à cette visite matinale et, de sa main nonchalante, effleurait le museau de l'excellente bête. Pendant ce temps-là, notre Trousselard, qui avait pris la paresseuse habitude de la grasse matinée, continuait son concert nasal, la bouche ouverte le plus souvent, comme tous les ronfleurs sérieux. Une ou deux fois avait-il été réveillé par le bruit de l'animal et s'était-il moqué de sa femme et de la tendresse de celle-ci pour les bêtes. Puis, il en avait pris l'habitude, et son sommeil n'en était plus le moins du monde troublé.

Or, un soir, il advint que Germaine ferma au double loquet la porte de l'étable, de façon à ce que Nani n'en pût sortir le lendemain matin. Et néanmoins, si Trousselard avait eu l'oreille fine, ce matin-là, il aurait entendu, à la fenêtre, un bruit analogue à celui auquel il s'était accoutumé. Parbleu, celui de Cadet-Bitard passant tout entier par où la vache n'avait coutume d'insinuer que sa tête. Le drôle venait en troisième — en lapin, comme on disait au temps des diligences — dans le lit si inutilement occupé par le couple Trousselard, et il y ramenait les bons principes sans lesquels l'humanité aurait disparu déjà de ce globe. Encore fort élancé de taille, en ce temps-là, Cadet vous passait par là comme une lettre à la poste, et une lettre chargée de baisers, s'il vous plaît. Le métayer n'avait plus qu'à souffler pour deux sa méchante musique. Il s'en donnait, l'animal, comme s'il eût voulu étourdir son honneur si gravement compromis. Germaine commençait à comprendre le mystère sacré de la vie et à en savourer les douceurs inconnues jusque-là.

Ce matin-là fut le commencement d'une série de matins tout pareils, durant lesquels la pauvre Nani demeura inexorablement enfermée malgré les gros soupirs qui lui gonflaient jusqu'à l'échine.

Et, tout à cette bucolique amourette, Cadet en traduisait, comme il suit, les impressions brûlantes, en méditant, le jour durant, sur les ivresses aurorales évanouies, mais promises encore pour le lendemain :

Baiser matinal

Parlez-moi du baiser vermeil
Qu'avec ceux du soleil on pose
Sur la gorge blanche que rose
Le premier baiser du Soleil.

Avec le frisson de réveil
Qui vibre au cœur de toute chose,
Il monte à la paupière close
En chasser l'ombre et le sommeil.

Et, sous sa caresse charmante,
Le ciel, dans les yeux de l'amante,
Comme au miroir, d'un lac tombé,

S'ouvre, sourit, — et l'ingénue
Dont le doux rêve continue
Vous rend le baiser dérobé !

Ah ! la fâcheuse idée qu'eut un jour cet imbécile de Trousselard de troubler ce tranquille bonheur ! Ne dit-il pas, un soir, à Germaine interdite :

— Ma mie, je crois que la fraîcheur de la fenêtre fera grand bien à un mal de tête que j'ai, et c'est moi qui coucherai dans la ruelle, cette nuit.

La métayère fit ce qu'elle put pour dissuader l'insensé de cette résolution fatale, mais elle n'y put parvenir. Impossible de prévenir Cadet-Bitard ! Elle était vraiment dans une anxiété épouvantable et passa toute la nuit, les yeux ouverts, avec des frissons d'inquiétude dans sa belle chair rose. Ce fut bien pis quand elle entendit distinctement le pas de son amoureux qui venait joyeusement à la pitance des baisers accoutumés. Dans son impatience, Cadet était capable de s'introduire sans regarder auparavant. Trousselard lui ronflait dans le dos, la face tournée vers elle. Ce fut un moment horrible d'angoisse.

Dieu merci, celle-ci fut courte ! Cadet qui, comme elle l'avait prévu, avait fait son entrée sans crier gare, avait eu le temps de ressauter en arrière et de disparaître par le même che min, en entendant une grosse voix d'homme, d'homme endormi qui parle sans se réveiller complètement, grogner ces mots :

— Eh! dis donc, Nani! pas avec la corne!

Ils étaient sauvés.

CORYSANDRE

CRYSANDRE

I

C'était au printemps, sur les bords déjà verdoyants de la Creuse, dans ce beau paysage du Berry où l'ardeur généreuse des sèves et le bruit rythmique des eaux vives rappellent qu'on est tout près du cœur de la France.

C'était au printemps, après la floraison des amandiers, laquelle semble un deuil rose que porteraient les choses pour fêter le décès de l'imbécile hiver. De petites clochettes bleues, mêlées aux crocus et aux jonquilles, dans les gazons, s'agitaient au moindre souffle, comme pour sonner le glas muet de ces joyeuses funérailles, et les grillons réveillés couraient sur le sol tiède, tout noirs, comme de petits croquemorts affairés pour ce bel enterrement des neiges et des frimas.

Rien de plus délicieux, en cette saison des renaissances, que le parc qui enveloppait d'un manteau sinueux de frondaisons frémissantes la demeure à demi-seigneuriale du baron de Minet-Galand, gentilhomme de peu de fortune, mais ayant eu des aïeux tenant la gale de saint Louis lui-même. La vieille famille, que la Révolution avait décorée, vivait, sans grand bruit, dans ce nid épais de verdure, estimée du voisinage, occupée uniquement de chasse et de pêche, n'allant à la ville que deux fois la semaine pour le marché, dans une carriole immense dont les ferrailles semblaient grincer des révoltes contre l'iniquité des temps.

Comment notre tant vénéré Cadet-Bitard se trouvait-il dans cette légendaire maison ? Pour un mariage que des amis communs avaient médité pour lui. Mlle Angélique de Minet-Galand n'avait, comme on le sait, que peu de biens, mais c'était une personne exquise, d'éducation sévère, intelligente et douce, toute faite de grâce et rappelant le joli vers de Coppée :

Si frêle, un enfant, presque une âme ?

Comment encore notre précieux Cadet avait pensé à faire sa femme d'une créature si fort en dehors de ses goûts plastiques ordinaires ? Mon Dieu, par la simple raison qu'il s'était dit qu'il faut chercher, dans les félicités vertueuses du mariage, tout autre chose que dans les voluptés interdites du concubinage. Il eût fait beau voir que son épouse lui rappelât ses maîtresses ! Il entendait qu'un contraste absolu mît, entre les délices coupables de sa vie passée et l'austère pratique de ses nouveaux devoirs, un infranchissable abîme. Plus de nénés jaillissant comme des gibus qu'on délivre! Plus de belles fesses rebondies! Plus rien de cette charnelle abondance, de ce confortable sensuel où s'étaient trop longtemps complu la concupiscence de son regard et la délicatesse de ses doigts amoureux! Rien que des formes virginales, l'image tout au plus de ces jolies madones gothiques debout, les mains jointes, sous la dentelle de pierre des portraits. Mlle Angélique de Minet-Galand réalisait à merveille cet idéal de figure de missel; d'autant que sa figure, un peu pâle, éclairée par deux yeux bleus mystiques comme des myosotis, était nimbée d'une chevelure d'or clair se perdant dans des gris très fins semblant une vague fumée d'encens.

Mais voilà! En était-il vraiment amoureux et ne l'était-il pas plutôt davantage de la simple chambrière de Mlle Angélique, une luronne bien campée, ayant, sans excès cependant, tout ce qui manquait à sa maîtresse. Corysandre — ainsi l'avaient romantiquement baptisée ses parents qui avaient servi chez George Sand — était vraiment une personne séduisante, au possible, pour un connaisseur dénué de préjugés. D'abord ce n'était pas une domestique ordinaire. C'était presque une demoiselle que Mᵐᵉ de Minet-Galand et sa fille traitaient comme l'enfant de la maison où elle était venue toute petite. Toujours victime des contrastes, notre Cadet ne se lassait pas d'admirer, avec des pensées dénuées d'innocence, l'éclatante chevelure brune de Corysandre, l'éclat fleuri d'églantine de son teint, les reliefs exquis de son corps jeune et souple et cette bouche à l'énigmatique sourire qui s'entr'ouvrait sur un ruissellement de gouttelettes de lait. Le moral de Corysandre n'était pas moins curieux que ses charmes apparents. Était-elle très innocente ou très futée ? Peut-être tous les deux à la fois. La Femme est demeurée une vivante boîte de Pandore. Primesautière en diable, imprévue au possible, parlant à tort et à travers, ne semblant jamais penser un mot de ce qu'elle disait, farceuse de naturel, aussi incapable de réflexion qu'une mésange, elle accouchait de propos abracadabrants sans avoir l'air de s'en douter, et ce beau décousu de son minuscule esprit n'était pas un de ses moindres attraits. Cadet trouvait plus de saveur à cette fantaisie qu'à l'exemplaire raison dont Mˡˡᵉ Angélique faisait preuve en toute circonstance. Mais, sapristi, il n'était pas venu là pour épouser une camériste et une péronnelle d'antichambre.

Ah! mon Dieu, il ne savait guère plus ce qu'il voulait. Cet air d'avril, tout plein de parfums sauvages dans cette nature fleurie, le grisait absolument, comme toutes les bêtes amoureuses. Le printemps réveillait en lui les adolescences endormies avec leurs fervents désirs. Ce clair soleil, encore attendri comme au déclin de l'année ou à son début, comme mouillé de vapeurs et non pas impitoyablement caniculaire, lui faisait passer des visions où se confondaient — ses souvenirs se mêlant à ses espérances — des impressions d'automne et des impressions de printemps, si bien qu'il ne savait plus s'il était en avril ou en octobre et que la pourpre violacée des lilas lui semblait empanacher des ceps et des treilles, et cette association d'idées étranges, il l'avait consignée dans ce sonnet pour faire suite aux précédents :

Vendanges printanières

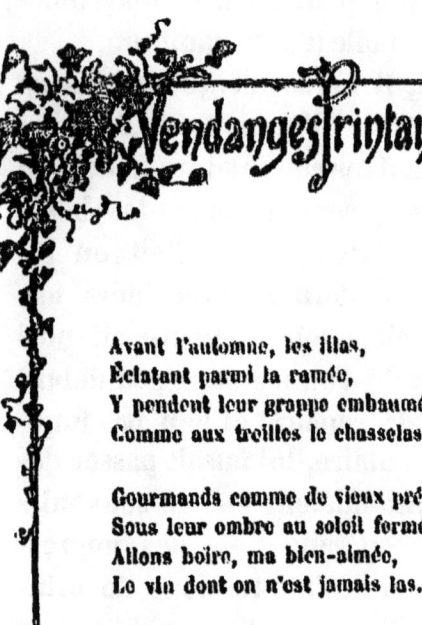

Avant l'automne, les lilas,
Éclatant parmi la ramée,
Y pendent leur grappe embaumée,
Comme aux treilles le chasselas.

Gourmands comme de vieux prélats,
Sous leur ombre au soleil fermée,
Allons boire, ma bien-aimée,
Le vin dont on n'est jamais las.

Raisin que, sur la bouche, on cueille,
Vigne dont la dernière feuille
Retombe de tes flancs brisés.

Lilas ! raisin d'amour ! cher ange !
Avril porte aussi sa vendange :
C'est la vendange des baisers !

Mais à qui son rêve adressait-il ces vers brûlants? A Mlle Angélique ou à Corysandre?

II

Sans qu'il fût tenu aucun compte par elle, — quel mensonge que le *Sunt Lacrymæ rerum* du poëte! — des hésitations où se perdait son esprit, les choses matrimoniales marchaient leur train. On causait contrat et projets d'avenir. Mlle Angélique semblait trouver Cadet fort à son goût et le lui faisait comprendre autant qu'une jeune personne décemment élevée peut exprimer ces choses-là. L'arrivée d'un vieil ami de la famille, cette bourrique de docteur Venteroussin, que je vous ai présenté autrefois, apporta comme une impression d'orage dans ce ciel si pur. Après un long entretien avec ce sous-Purgon, Mme de Minet-Galand se mit à contempler visiblement Cadet-Bitard avec une inquiétude méfiante. Communiqua-t-elle son troublant secret à son entourage! Mais toujours est-il que d'autres vieilles dames, tantes et arrières-cousines, parurent partager cette malveillante curiosité. On chuchotait dans les coins, avec des voix de crécelles, en lançant à notre ami des regards obliques. Et de ce frou-frou irritant de mots précipités murmurés à l'oreille, on entendait jaillir plus distinctement des phrases de ce goût : — « C'est vrai, c'est impossible ! » — « Pauvre petite, il la tuerait ! » — « La Mignonne ! ce serait un assassinat ! » Et les yeux se remplissaient de haine sournoise dans leur inspection de plus en plus aiguë.

Si Cadet-Bitard eut pratiqué l'antique *gnôti seauton*, ou s'il se fût simplement regardé dans une glace, peut-être eût-il eu le mot de cette agaçante énigme. Vous savez qu'il était de complexion infiniment robuste, et râblé comme un taureau, avec des épaules larges et une musculature plutôt d'Hercule que d'Apollon, pesant ses deux cents, sans avoir autrement de ventre. Et Mlle Angélique ! un souffle ! une Elfe qui s'allait trouver en face de ce dieu Pan pour les fêtes radieuses de l'immortelle nature. Tant de grâce délicate aux prises avec cette force exaspérée par l'Amour. Comment avait-on attendu la venue de ce Venteroussin de malheur pour s'émouvoir de cet inégal combat dans l'impassible tranquillité des phénomènes?

Cadet, — il est si malaisé de faire un retour sur soi-même! — s'imagina d'abord qu'on avait raconté quelque fredaine un peu trop endiablée de sa jeunesse et, dans un discours aussi plein d'éloquence que dénué d'à-propos, il rappela que ceux qui avaient le mieux jeté leur gourme étaient les meilleurs maris, opinion que les demoiselles à marier ne partagent pas volontiers. Mais cet élan de franchise, cette cordiale explication, cette naïve profession de foi ne brisèrent pas la glace qui, soudain, comme un lac emprisonne les roseaux dans son armure de gelée, avait arrêté net le doux bercement des rêves et des espérances. La soirée où eut lieu ce refroidissement inattendu de la température dura un siècle pour Cadet-Bitard. Quand on se sépara enfin, comme il avait l'oreille fine, il entendit fort bien projeter un conseil de famille pour le lendemain matin, une façon de conférence entre proches dont il se douta bien qu'il était l'objet. Comme il remontait dans sa chambre, d'assez mauvaise humeur, il entendit encore Mme de Minet-Galand appeler Corysandre pour lui parler sans retard.

— Ah! mais, ils m'embêtent! pensa-t-il en se fourrant dans ses draps qui lui parurent plus vides et plus froids que jamais. Renoncer aux beaux nénés, aux pétards voluptueux, à tout ce qui fit l'unique joie de ma vie, et voir les gens faire leurs rétrécis pour accepter ce sacrifice! Le diable soit de l'hyménée et de cette pimbêche! Ah! Corysandre! Corysandre!

Et il s'endormit d'un mauvais sommeil, en murmurant encore :

> Lilas! saison d'amour! cher ange!
> Avril porte aussi sa vendange.
> C'est la vendange des baisers.

III

Le conciliabule avait été indiqué pour neuf heures, dans le petit salon de Mme Minet-Galand. Malgré son horreur pour l'indiscrétion, il s'habilla, résolu à tenter de savoir ce qu'il s'y dirait, ne fût-ce que pour avoir les moyens de se défendre, si son honneur était, le moins du monde, attaqué. Il allait donc passer son pantalon, quand un coup discret fut frappé à sa porte. Un instant après, Corysandre entrait, très rouge, mais avec son air déluré ordinaire, toutefois. Elle posa une tasse de chocolat sur la table de nuit, et fit mine de sortir, mais à la façon des filles qui savent fort bien qu'on les retiendra. Toujours Galatée et les saules! Jamais elle n'avait été plus charmante, et tout, en elle, disait qu'elle avait la conscience, poussée jusqu'à l'impertinence, de ce qu'elle valait pour un gourmet d'amour. Sa chevelure noire était légèrement embroussaillée, et sa toilette matinale s'échancrait fort agréablement sur le devant comme un nuage qui se fend, dans sa course, entre deux collines. Une fièvre passa aux lèvres et aux mains de Cadet-Bitard, énervé par la nuit inquiète qu'il avait passée. D'un geste suppliant, il retint la jeune fille, qui se laissa faire avec un air de résolution tout à fait inattendu. Il promena d'abord sa bouche sur la nuque qui ne se révolta pas, puis, en tournant autour des joues, jusque sur la bouche qui ne se ferma qu'en souriant.

Ses bras étreignaient cette belle chair jeune qui semblait, comme par avance, vaincue. Je ne dirai point jusqu'à quel point sa mimique poussa la tendresse virile des aveux. La vertu de Corysandre avait-elle à s'enorgueillir d'un triomphe soudain ou à pleurer une irréparable défaite, quand elle s'échappa des bras de Cadet! Ce sont subtilités dangereuses à affronter pour un conteur honnête. Toujours est-il qu'il avait encore certainement quelque chose à lui dire quand elle s'enfuit. Car, pareil à un fou, perdant tout sentiment des lieux et des circonstances, des convenances et de l'hospitalité, il la poursuivit dans l'escalier, se rua au travers des appartements derrière elle, arriva ainsi, sans même s'en douter, jusqu'à la porte du boudoir où le concile devait être réuni, reçut la dite porte sur le nez quand Corysandre, comme un coup de vent l'eût franchie, et entendit l'espiègle créature s'écrier gaiement, au milieu du murmure d'impatience des vieilles dames assemblées :

— Ah! madame! vous n'avez rien à craindre!... Tout au plus comme monsieur!

Bien qu'on lui fît au déjeuner l'accueil le

plus gracieux, Cadet-Bitard déclara que des affaires urgentes le rappelaient à Paris. Il quitta le Berry, le soir même, ce beau paysage où l'ardeur généreuse des sèves et le bruit rythmique des eaux vives disent qu'on est tout près du cœur de la France, et, pensant à Corysandre, tout le long du chemin, il s'affirma encore, à lui-même, qu'en dehors des nénés jaillissant comme des gibus qu'on délivre et des belles fesses rebondies,

> Tout n'est que vanité,
> Mensonge, fragilité.

comme dit un cantique expressément traduit de l'*Ecclésiaste*.

LA MASSALIENNE

La Massalienne

I

Ce n'était pas un de ces estaminets bruyants, tumultueux, cosmopolites où le torrent circulatoire, qui traverse le grand caranvansérail marseillais, s'arrête et tournoie sur place, comme dans un remous. Mais très lointain de la Canebière, c'était un tout petit café d'habitués où ne fréquentaient guère que de petits rentiers, des employés de commerce sédentaires, des commerçants du quartier, tous gens paisibles et grands joueurs de dominos. Or, à quelque heure que ces clients estimables, dont quelques-uns étaient cependant matineux, se présentassent, pour consommer ou lire les journaux, toujours trouvaient-ils madame Potentat à son comptoir, immuable comme une divinité égyptienne, image admirable du devoir professionnel. Volumineuse idole dont l'autel était adoré de la plus monotone façon, elle y trônait entre des bocaux de chinois et de prunes, ayant de chaque côté une petite pyramide de sucre concassé dont elle fermait méthodiquement les brèches lorsque quelque pierre en était enlevée pour édulcorer un faux moka. Elle ajoutait, pour sa propre personne, à la régularité parfaite de ce décor. Enfouie à plus de demi-buste dans cette façon de tribune pudiquement fermée à droite et à gauche, par une porte à un battant, inexorablement assise sur un siège invisible, elle posait comme sur un étal, sur le rebord de ce cube, une paire invraisemblable de nénés pareils à une paire de potirons, deux immenses écuelles de crème renversée maintenues dans un corsage qui en pétait positivement, comme un malpropre. Jamais citadelle de vertu — et on n'avait jamais douté de celle de madame Potentat — n'avait été défendue par de pareils bastions. Vauban en fût demeuré émerveillé comme une vieille bête. Ce jeu de boules au repos donnait vraiment le vertige. C'étaient bien vraiment

Les appâts façonnés aux bouches des Titans

dont parle Baudelaire. On eût pu apprendre la géographie dans un amphithéâtre, sur cette double mappemonde. Comme posé dans cette fourche charnue, engoncé dans cette naturelle collerette, apparaissait minuscule le visage de cette invraisemblable tétonnière, un visage fort doux éclairé par deux yeux noirs de ruminant, comme ceux dont Homère a immortellement gratifié Minerve. Les traits de ce monstre, qui n'était pas vieux, étaient remarquablement délicats et fins, le ton de la peau était délicieusement ambré et les cheveux étaient d'un noir superbe. Cette tête semblait — dessert étrange — une mandarine posée sur deux cantalous. Devant cette chaîne de montagne s'agitaient deux petites mains de marquise ayant les mouvements gracieux d'une envolée de colombes blanches.

Ici commence le mystère. Que cachait le reste de ce Guignol d'où émergeait ce curieux tiers de Femme? Cette créature — *mulier formosa superne,* comme eût dit Horace — finissait-elle en queue de poisson? Les plus fidèles à la maison en étaient encore à ces conjectures. Car, je l'ai dit, jamais, devant personne, madame Potentat n'avait quitté un instant le siège de son gouvernement. Sur le devant, renversé en pupitre, elle prenait ses repas et tout le reste de ses besoins y était prévu sans doute. Mais que d'hypothèses, parmi les consommateurs curieux! Les plus malveillants insinuaient qu'elle était cul-de-jatte. Les autres supposaient volontiers qu'elle avait une ou deux jambes de bois. Son mari, M. Potentat, à qui n'échappait pas ce manège, paraissait s'en amuser beaucoup en dedans. Quand des indiscrets cherchaient indirectement à le faire parler, il leur répondait avec un orgueil d'époux satisfait, par un : « Zuze un peu! » qui les laissait rêveurs ou leur faisait se pourlécher les babines selon leur tempérament. On avait essayé de tous les moyens pour arracher ce sphynx débordant à son immobilité. Des loustics avaient inopinément allumé des pétards en criant : au feu ! D'autres avaient éternué en aspergeant volontairement la grosse dame. Mais rien n'avait troublé la sérénité de ce presse-papier monumental, dont le rond de cuir n'avait même pas gémi. Les imaginations en étaient pour leurs frais et en demeuraient sur leurs épines, celles des poètes — rares dans la maison — concevant des pétards olympiens et si merveilleusement développés par la paresse qu'on ne pouvait plus les arracher de cette boîte de Pandore aux merveilleuses surprises.

Tel était exactement l'état des esprits dans l'estaminet tenu par M. Potentat.

II

Notre Cadet-Bitard, absolument dévoué, en ce moment-là, à l'étude des antiquités phocéennes, y venait prendre tous les jours, à cinq heures, un mélancolique vermouth, et, lui aussi, s'était posé le redoutable problème. L'intérêt de celui-ci était même plus considérable pour Cadet que pour personne. Car il n'avait pas été sans remarquer, ayant l'expérience des femmes, que cette Bonze, d'ordinaire si réservée, même dans ses regards, les abaissait sur lui avec une complaisance inquiétante. Bien des fois, il en avait ressenti, même sans lever lui-même les yeux, les effluves réchauffants et il avait constaté souvent que c'était toujours une bouteille nouvelle qu'elle faisait déboucher pour le servir, afin que sa consommation ne fût pas éventée. Revenait-il après dîner et prenait-il une demi-tasse, elle lui choisissait les plus gros morceaux de sucre et les mieux équarris géométriquement. De temps en temps encore, poussait-elle, après l'avoir contemplé, un soupir qui changeait sa poitrine en deux lourdes vagues massivement envolutées. Mais Cadet-Bitard se fichait pas mal de tout ça. Ce n'était pas pour elle, ni pour sonder le mystère postérieur qu'elle comportait, qu'il venait quotidiennement s'abîmer l'estomac avec du poison de goût douteux. Mais un jour avait-il suivi jusque-là Margaret, la servante, sortie pour quelque commission, et y était-il entré derrière elle. Une véritable merveille pour un connaisseur, cette Margaret, avec sa chevelure bleue à force d'être noire, épaisse et jaillissant des blancheurs de la nuque, comme d'un Paros olympien un flot sombre du Léthé, avec son front étroit de fauve presque voilé par cet obscur feston, ses petites narines vibrantes et roses aux transparences de pétales, sa petite bouche bien rouge et un peu charnue, vraie fleur vivante aux aromes capiteux, le type vraiment admirable de la Massalienne et de sa beauté néo-grecque qui agenouillait, devant elle, le front dans la poussière, les Gaulois vainqueurs. Et quelle allure dominatrice dans ce corps bien cambré, à la croupe de cavale sauvage, sous l'injure des laines grossières ! Qui donc avait osé posé ces haillons sur ce marbre ! L'iniquité du destin vous foutait ce pauvre Cadet-Bitard dans une rage qui n'avait d'égale que son inutile tendresse pour le chef-d'œuvre insensible. Car Margaret lui riait au nez, de toute la blancheur cruelle de ses dents, quand à son tour, il poussait devant elle des gémissements contenus par le sentiment de convenance seulement. Si bien qu'entre madame Potentat et lui cet intérieur de café ressemblait beaucoup à un grand soufflet de forge. *Sic vos non robis*, mes frères ! Tous ces soupirs se trompaient d'adresse et se perdaient dans l'air, comme une vaine fumée. Théocrite a fait un admirable vers sur ce mélancolique sujet.

Et Cadet-Bitard, obstiné comme tous les amoureux d'une ferveur réelle, suppliait tout bas, pendant qu'en lui versant son verre, la méchante, comme sans le vouloir et forcée par le mouvement, approchait son oreille de nacre rose de sa bouche. Alors elle riait plus fort et la grosse dame du comptoir, à qui ce manège n'échappait pas sans doute, s'essoufflait encore plus désespérément. — « Zuze un peu ! » continuait à dire M. Potentat impassible dans cette révolte mystérieuse des cœurs.

Or, le dit Potentat reçut du parquet de Lyon une invitation à venir déposer dans une affaire et annonça, en manière d'excuses, à ses clients, qu'il ne serait pas absent moins de deux jours et de deux nuits. Ce que sa femme regardait Cadet-Bitard pour juger de l'effet que lui ferait cette nouvelle! Cadet-Bitard ne put réprimer, en effet, un mouvement de joie. Mais il suivait toujours son idée, sans s'inquiéter de celle de la commerçante. Il se figurait, ce petit fat, que c'était la crainte de perdre sa place qui avait rendu jusqu'ici Margaret plus que réservée avec lui. Peut-être était-elle la maîtresse de son patron, ce qui lui eût paru, à lui Cadet-Bitard, absolument naturel. Car volontiers nous imaginons-nous que tout le monde est amoureux des femmes qui nous semblent belles; ce qui fort heureusement n'est pas toujours vrai.

— Vous allez vous en donner, farceur, là-bas, dit-il traîtreusement au cafetier pour l'inciter à la débauche lyonnaise.

— Zuze un peu! répondit flegmatiquement M. Potentat.

Cette canaille de Cadet-Bitard se promit de rapporter ce propos à Margaret pour la rendre jalouse.

III

Avait-il deviné juste? Le fait est que, le lendemain du départ de M. Potentat, Margaret fut positivement charmante avec lui. Il n'y avait pas de temps à perdre puisque l'absence ne durait que deux jours. Il lui demanda un rendez-vous pour le soir même, dans sa chambre, à elle, quand le dernier consommateur serait parti.

Elle se récria d'abord, mais sans aucune sincérité de colère : puis elle ne dit plus ni oui ni non du reste de la journée. Sur le tard, seulement, elle finit par dire : oui ! Et comme Cadet-Bitard, éperdu, se fondait en extatiques remerciements, et en séraphiques actions de grâces :

— A une condition, fit-elle, c'est que vous entrerez sans bruit, trouvant la porte entr'ouverte et que, trouvant la chambre dans l'obscurité, vous n'allumerez aucune lumière.

Il jura tout ce qu'on voulut et cela en particulier.

Et les quelques heures qui le séparaient encore de ce moment si ardemment souhaité

eurent, pour lui, l'ennuyeuse longueur d'un siècle d'histoire. Son impatience n'avait de tempéramment que dans le rêve voluptueux où il devançait les futures délices. Margaret allait être à lui tout entière! Ce beau corps souple allait ployer comme un roseau dans ses bras, non pas l'insupportable roseau pensant de Blaise Pascal, mais un roseau aimant aux vivantes et enlaçantes caresses!

Et, comme c'est la coutume des gens bien épris, évoquait-il, sous son front, l'innombrable et grisante image de toutes les beautés parmi lesquelles, Sybarite absous par l'Amour, il s'allait vautrer comme sur un lit de roses. Et la croupe de cavale sauvage de Margaret ondulait, devant son esprit, comme une vague capricieuse que le reflux emporte et qui attire encore en fuyant, ce qui justifie ce beau vers de Corneille :

<blockquote>Et le désir s'accroît quand l'effet se recule.</blockquote>

Elle sonna enfin, l'heure du berger! elle sonna dans le dernier pourboire jeté sur le marbre, dans le dernier grincement de la porte sur le dos du dernier client. Cadet-Bitard fit, bien entendu, semblant de partir comme tout le monde. Mais il revint par une porte de service quand aucun rayon de gaz ne filtra plus à travers les persiennes closes. Le cœur battant la breloque, il monta l'escalier tortueux, bien méridional dans son manque absolu de confortable. Il atteignit l'huis désigné et celui-ci céda sous une simple pression des doigts. Margaret ne s'était pas moquée de lui. Dans des ténèbres complètes, il gagna cependant, d'instinct, le lit silencieux et, comme un aveugle, tendit les mains en avant. Celles-ci se posèrent — toujours d'instinct — à nu, sur un double hémisphère de chair ferme et tiède, rebondie et abondante, élastique et veloutée, de quoi faire le séant d'une déesse sur son fauteuil d'étoiles, l'idéal du genre par le bel épanouissement et la jumelle rondeur. Et cela palpitait sous les doigts. Non! cette Margaret dépassait encore les promesses de ses jupons mal attachés et collants! Salut, ô Nature! *Alma parens!* Et follement notre Cadet-Bitard se baissa pour poser ses lèvres pieuses sur le double Himalaya. Un soupir en sortit qui ne lui parut pas venir d'où il pouvait l'attendre. Et ce soupir devint une parole; il s'allongea dans cette phrase tremblante :

— C'est moi! ne le dis pas!

— Ciel! une femme culiloque! faillit s'écrier Cadet-Bitard.

Mais il comprit et fut désespéré quand la voix mystérieuse continua.

— Margaret, qui sait combien je t'aime, a

eu pitié de moi et m'a donné sa place. Tu ne m'en veux pas?

— Non certes, madame Potentat, répondit Cadet-Bitard avec une courtoisie enragée.

Et il se mit en devoir de faire contre fortune bon cœur, tout en maudissant *in petto*, la perfide Margaret. D'autant que — ce qui arrive souvent d'ailleurs — madame Potentat était toute en devanture et ne justifiait nullement le prétentieux : « Zuze un peu ! » de son époux.

IV

Et, comme toujours, le lendemain, à son réveil, notre ami consigna les impressions de sa soirée dans ce modeste sonnet à ajouter à la série déjà longue de ses Sonnets fantasques:

Vanitas vanitatum! ajouta-t-il en allumant une cigarette.

Fausse tendresse

Ce n'est pas, qu'en tous points formée
Suivant mon secret sentiment,
Elle eût dans chaque mouvement,
La nonchalance d'une almée ;

Que, léger comme une fumée
S'exhalât son esprit charmant...
Non ! c'est par erreur seulement
Qu'elle devint ma bien-aimée.

Entre toutes, objet vainqueur,
Tu l'avais choisie, ô mon cœur,
Grâce au culte que tu professes.

Car elle avait de tels tétons,
Que, par un beau soir, à tâtons,
Je les avais pris pour des fesses !

MISE AU POINT

Mise au point

I

Une délicieuse après-midi d'avril, dans le jardin du Luxembourg où les marronniers avaient entr'ouvert déjà leurs innombrables ailes vertes, où les cimes des hauts tilleuls rougeoyaient, où les cerisiers doubles, comme emmitouflés de neige rosée, épanouissaient leur inutile mais délicieuse floraison. Car ces arbres merveilleux, dont l'art japonais fit si grand usage, n'ont pas de fruits. Ainsi les femmes très belles n'ont, le plus souvent, pas d'enfants, comme si la Nature désespérait de mieux faire dans leur postérité. Un souffle tiède éveillait, autour des lierres touffus encore hérissés de petites baies noires, le vol engourdi des premières guêpes, passant dans la sombre verdure, comme des flèches d'or. Les moineaux se poursuivaient à travers les branches avec des piaillements éperdus, et, sous les hauts arbres, les joueurs de balle, en manches de chemise, déjà s'essoufflaient, leur lourde raquette à la main, tandis que les petits enfants, assis devant le guignol, regardaient, avec de petits cris de joie, Polichinelle assommer le commissaire. Et c'était, dans les parterres, un superbe épanouissement de tulipes rouges et jaunes, parmi les dernières anémones aux yeux d'un violet tendre ou bien au cœur déchiré d'une large blessure. Un air très doux autour de cela, sous un ciel très fin traversé de petites nuées semblant se poursuivre, et je ne sais quoi d'anxieux dans l'attente des premières hirondelles qui n'étaient pas encore venues.

Elle descendait rapidement les marches larges et usées que dominent les figures de Marguerite de Valois et de Blanche de Castille, guindées dans leurs longues robes de pierre, quand il l'aperçut toute seule, parmi les couples jeunes marchant amoureusement, épaule contre épaule, parmi les couples vieillis trottinant sous le soleil avec des souvenirs dans les yeux. Une toilette simple de petite bourgeoise du quartier, mais qui lui seyait d'autant mieux qu'elle laissait deviner davantage de son aimable personne. Une jaquette légère s'ouvrant sur un corsage bien rempli, ne descendant guère plus bas que les reins et noblement retroussé par ce qui était dessous; un chapeau où les lilas fleurissaient déjà comme pour faire signe aux autres; des gants de Suède trop larges pour les toutes petites mains. En atteignant le sable, elle souleva légèrement ses jupes et découvrit un pied d'une aristocratie parfaite, luisant comme un bijou de jais dans son petit soulier verni. En arrivant au bord du bassin, elle s'arrêta et se mit à regarder, durant un instant, les petites voiles qui couraient dessus, se heurtant aux caprices du vent, flotte minuscule dont les amiraux demeuraient à terre, semblant à travers les cils abaissés, les ailes d'alcyons lointains rasant les eaux. Eut-elle ce rêve de mer éloignée, cette vision de barques qui s'en vont aux pêches périlleuses, cette appréhension vague de naufrages inconnus, mais ce fut comme une mélancolie qui lui voila soudain le regard; et ainsi lui parut-elle — à lui qui l'avait religieusement suivie — mille fois plus charmante encore, comme il la voyait de tout près, à profil perdu, le velours de sa joue, éclairé par le jour oblique, mettant comme un frisson d'or autour de la nacre rosée de son oreille finement ourlée comme un coquillage, une imperceptible buée faisant trembler l'air autour de ses narines frémissantes comme des pétales de fleur. Et cet air, il le buvait; parfum très doux de santé et de jeunesse, exqui effluves de l'être sous la première caresse du printemps.

Quand, après un coup d'œil rapide jeté sur l'horloge du palais, elle reprit sa promenade hâtive, elle laissa tomber un de ses gants qu'il ramassa et qu'il ne lui rendit pas, l'ayant tout de suite porté à ses lèvres, par un de ces mouvements impétueux et ridicules où s'affirme la spontanéité de certaines tendresses. Et, derrière elle, il se remit à marcher, prenant au beau rythme ondulant de sa démarche, à elle, je ne sais quelle griserie voluptueuse, un désir fou de presser ce corps souple et abondant, dans sa grâce, entre ses bras.

Rue Monsieur-le-Prince elle entra brusquement sous une porte et s'engloutit dans une haute maison. Cadet-Bitard s'en fut droit chez le concierge, et lui remettant le gant ramassé sur le sable, il le prévint qu'il appartenait à la jeune dame qui venait de rentrer.

— Ah! oui, Mme Cubal! fit le clôt-porte.

— Mme Cubal! murmura mélancoliquement Cadet-Bitard. J'aurais mieux aimé qu'elle s'appelât Rosalinde. Mais les beaux fessiers sont anonymes et la plus grotesque appellation ne leur ôte rien de leur majesté.

Sortant sur cette réflexion philosophique, il regarda les différents écriteaux appendus à la maison qui était commerçante, et ses yeux étincelèrent de joie devant celui-ci : CUBAL, *photographe. — Fait les portraits après décès. — Leçons de photographies aux amateurs.*

— Eurêkaka! s'écria-t-il, en redoublant la syllabe finale pour donner plus de force à sa pensée.

II

Le lendemain, il s'était présenté, dès la première heure, chez M. Cubal et lui avait exprimé le désir d'apprendre à faire le paysage et le portrait. M. Cubal l'accueillit avec bienveillance, mais en le prévenant qu'il ne donnait des leçons qu'après le départ de la clientèle, soit à quatre heures, moment où le jour est encore, en cette saison, très suffisant pour enseigner. C'était un gros homme un peu prétentieux et qu'il n'y avait pas grand scrupule à tromper. Car vous savez que Cadet-Bitard choisit ses cocus et, autant qu'il le peut, parmi les gens peu intéressants, ravi quand il peut sacrer de ce beau titre un imbécile ou un coquin. Ainsi donne-t-il à l'adultère une portée morale et vengeresse qui le rehausse et en fait une très utile institution. Châtier la bêtise humaine est œuvre pie et méritoire. Ne ratez jamais un sot qui a une belle femme — ni sa femme non plus. Le véritable héroïsme consisterait à cocufier même les crétins qui ont des femmes laides; par esprit d'équité. Mais Cadet-Bitard ne va pas jusqu'à cette abnégation sublime. Il choisit ses cocus, mais il choisit aussi ses maîtresses. Il vous engage à en faire autant.

Il prit sa première leçon le jour même. Mais elle ne lui révéla rien de ce qui l'intéressait le plus et touchant l'intérieur de son professeur ès collodion. Mᵐᵉ Cubal ne parut pas. Il ne la vit de la semaine, et commençait à ne se trouver aucune disposition pour l'art de Disdéri, quand une nouvelle rencontre dans l'escalier, lui rendit le courage. Il osa parler. On ne lui répondit pas, mais on ne se fâcha pas. Il lui sembla même qu'en le quittant on lui avait mieux que pardonné dans un sourire. Son impatience grandit de cette illusion. Deux jours après, pendant que le doux Cubal s'était enfermé dans sa salle de bains — ainsi que les photographes pourraient-ils nommer leur laboratoire — il osa se glisser dans l'appartement, comme un voleur, et jeter une déclaration en règle aux pieds de la belle photographe qui l'écouta, surprise, mais toujours sans colère, un bout de broderie commencé entre ses doigts fuselés et éburnéens.

Cependant il devenait tout doucement le familier de son maître, qui ne lui trouvait aucune disposition, mais le prenait dans cette dangereuse et fatale amitié qu'éprouvent toujours pour nous — contagion étrange! — les maris dont nous aimons les femmes. Maintenant Cubal allait et venait, sans trop s'occuper de son élève qu'il regardait comme son ami. Avec une délicatesse infinie, Cadet en profita pour renouveler ses instances de mieux en mieux accueillies. Mais voilà! il avait affaire certainement à une petite femme qui n'avait pas encore fauté, tant elle y mettait d'hésitation et de maladresse. Elle ne disait pas non, mais elle ne voulait ni chez elle ni chez lui, ni dans un hôtel... Sur une branche d'arbre, madame, alors? Comme les oiseaux? Belle occasion pour regarder l'envers des feuilles! Mais vous savez que ce ne sont pas les feuilles de vigne qui croissent sur ces arbres-là!

Force était donc à notre Cadet de se contenter de privautés — délicieuses, j'entends —

mais enfin plutôt apéritives que restaurantes, et cet éternel vermouth que ne suivait jamais le provincial potage, le laissait sur un appétit devenu presque douloureux. Le premier baiser était, en particulier, défendu avec une énergie rare. Résistance absolument logique. Une femme dont on a baisé la bouche et qui a quelque loyauté ne vous refuse plus rien.

— Oh! quand nous nous serons *embrassés*, ça ira tout seul! disait la mignonne.

Mais elle continuait à faire autour de ses lèvres une garde que n'eût pas désavouée un dragon.

III

Ce jour-là, M. Cubal allait faire un portrait après décès qui le devait tenir plus de deux heures dehors. On ne reproduit pas à la légère les traits d'un sénateur défunt. C'est généralement tout ce qui reste de nos hommes politiques. La plupart sont d'ailleurs si laids qu'il vaudrait infiniment mieux qu'il n'en restât rien. Mme Cubal avait consenti à venir dans l'atelier où Cadet continuait ses essais, en l'absence de son maitre, en cachette de son mari, bien entendu. Car Cubal méritait une fois de plus son sort, en étant ridiculement jaloux.

Quatre heures! une heure délicieuse en tout temps, mais surtout au printemps. Le soleil y est déjà descendu fort près de l'horizon qu'il éclabousse d'or, allumant aux vitres des feux rouges qui semblent des yeux diaboliques, mettant comme une vapeur de lumière aux cimes des grands arbres qu'il rase de son oblique rayonnement. Les fleurs mourantes des jardins ambulants, que de vieilles et grosses marchandes roulent devant elles, font monter sous les fenêtres une odeur de jacinthes, de narcisses, de giroflées écrasées tout à fait grisante. Jamais Cadet-Bitard ne s'était senti mieux disposé à déshonorer un contemporain et il s'était juré que, cette fois-là, Cubal n'en serait pas quitte pour la peur. Mais il avait compté sans les scrupules infinis de la petite bourgeoise qui, tout en étant affectueuse, enjouée, aimable à l'envi, continua à se dérober, se laissant poursuivre à travers les meubles, fuyant en riant, comme Galatée, exaspérant le pauvre diable et ne lui accordant rien au demeurant. Elle venait de sauter à pieds joints, comme une pie, sur un tabouret pour lui échapper, dans cette chasse d'un nouveau genre, quand des pas retentirent dans l'escalier tournant, ceux de Cubal qui rentrait longtemps avant l'heure où il était attendu. Les parents du sénateur défunt l'avaient décidément trouvé trop laid et avaient renoncé à leur idée.

Si Cubal trouvait là sa femme, en train de jouer avec son élève... et à quel jeu! c'était une scène épouvantable. La malheureuse était perdue. Une fois de plus, dans cette circonstance critique, son génie naturel inspira Cadet.

— Restez sur le tabouret, courbez-vous en deux et ne bougez plus! dit-il tout bas à Mme Cubal folle de terreur.

Et déjà, il avait jeté sur elle, couvrant le dos, la tête, les jambes, et même un peu plus bas que le tabouret, un de ces longs voiles de lustrine noire, qu'emploient les photographes et sous lesquels ils se glissent pour mettre l'objectif au point. Après quoi, ayant orienté cet appareil vivant et d'un nouveau genre dans le sens de la croisée, comme pour photographier les toits du voisinage, il se fourra lui-même la tête sous le dit voile, tout contre le derrière tendu en avant de sa bien-

aimée. Et, pour se mieux cacher sans doute encore, il souleva, du même mouvement, au-dessus de son chef, tous les jupons de celle-ci, de façon à se trouver joue à joue nue avec ce tant copieux postérieur dont il avait si souvent rêvé. Et, comme la pauvrette, dans cette extrémité, ne pouvait se défendre, il en profita pour manger de baisers cet aimable et plantureux voisin à la peau fraîche et lisse comme celle d'une énorme pomme d'api. Ce qu'il vous aurait chanté : *Le bon gîte!* de Déroulède, avec conviction, dans cette situation admirable!

— Ah! ah! encore au travail! fit Cubal en entrant.

— Chut! répondit Cadet en lui faisant signe, en arrière avec la main, de ne pas avancer.

— Quoi donc de si intéressant?

— Chut! chut! Un pendu à une fenêtre, que je vois seul! quel document pour la justice! mais pas de bruit! vous irez seulement prévenir le commissaire quand j'aurai fini.

— Etrange chose que la vie! fit le photographe. C'est moi qui devais faire un portrait après décès et c'est vous qui le faites. Voulez-vous un coup de main?

— Non! non! restez tranquille.

— Mettez-vous bien en face de l'objectif, au moins!

— Ne craignez rien.

— Et placez bien l'œil au petit trou.

Mme Cubal eut une si forte envie de rire qu'elle fit onduler légèrement le drap noir, comme un mort qui ressusciterait. Mais M. Cubal ne s'aperçut de rien.

— Mettez-y le temps, continua-t-il, pour obtenir quelque chose de bien. Comptez jusqu'à mille, s'il le faut.

Et, muets, les baisers de Cadet-Bitard continuaient à pleuvoir comme une grêle.

— Allez chercher le commissaire maintenant, fit avec autorité Cadet, qui commençait, si heureux qu'il fût, à étouffer sous les jupes de Mme Cubal.

Quand ils furent seuls :

— Il me semble que nous nous sommes embrassés maintenant! fit-il joyeusement à sa bonne amie.

— Celle-ci en convint et paya sa dette.

— Ah! lui dit-elle avec infiniment de mélancolie douce après, comme j'aimerais m'attacher à vous si je ne craignais votre humeur changeante et si l'impertinente gaieté de votre caractère ne me faisait peur.

— Moi, gai! fit Cadet en souriant tristement à son tour. Vous ne me connaissez guère. Gai pour la galerie, oui... mais au fond. Tenez, madame, pour juger de l'état joyeux de mon cœur, en sa sincérité, écoutez mon épitaphe que je composai ce matin même et que je vous serai obligé de faire poser sur mon tombeau :

Épitaphe

Se levant tôt, se couchant tard,
Grand adorateur de la lune,
Son rêve pour toute fortune,
Ainsi vécut Cadet-Bitard.

Insinuant comme un pétard,
A la blonde comme à la brune
Il fit une cour opportune
Et ne laisse pas de moutard.

Nouveau saint Martin sans reproche,
N'ayant pas un sou dans sa poche,
Il eût donné sont paletot.

Toujours épris d'un gros derrière,
Cadet-Bitard fit sa carrière,
Se couchant tard, se levant tôt.

OBSESSION

Obsession

I

Une heure de marche, par une aurore estivale, sous la double caresse du parfum renaissant des fleurs et de la première chanson des oiseaux, et au bout de cette heure dans un paysage tout aux caprices radieux du réveil, le lit furtif où vous attend une amoureuse toute moite encore des langueurs paresseuses de la nuit, voilà qui n'est pas pour épouvanter un marcheur, même médiocre. Et si vous aviez connu celle pour qui Cadet-Bitard faisait ce chemin, vous auriez compris que cette promenade, toute aux rêves d'un bonheur prochain, lui fût la plus douce du monde. Car c'est pour lui que la belle Mme Duminet faisait grasse matinée dans la villa ombreuse où l'imprudent Duminet, son légitime époux, l'abandonnait chaque matin pour s'en aller à ses affaires. Ni petite, ni grande, Mme Duminet; ni blonde ni brune; ni grasse, ni maigre. Le juste milieu en tout, et quel juste milieu que le sien !

C'était vraiment le sourire fait femme, une grâce vivante, une fleur épanouie ayant gardé toutes les fraîcheurs du bouton, le rayonnement d'une âme franche dans les frissons liliaux d'une chair faite pour les caresses. Tout son être était comme illuminé par le regard céruléen de ses yeux et par la blancheur de ses dents sur lesquelles ses lèvres se plissaient comme des roses qu'un souffle effleure. Élégante à la ville, le triomphe du costume était, cependant, pour elle, la demi-nudité de ses toilettes de femme qu'un amant va surprendre, la simple batiste, laissant transparaître l'éclat nacré de sa peau et le bel oreiller natural que lui faisait sa chevelure dénouée, ruissellement de tons fauves et dorés, comme en ont les forêts sous les premières rouilles d'octobre. Une grisante odeur de santé courait sur son aimable personne dont les attirances multiples se tendaient vers tous les désirs.

Et maintenant vous ne plaindrez pas Cadet-Bitard pour la bonne lieue qu'il lui fallait faire, entre Corbeil où il avait élu son domicile provincial, et Soisy-sous-Étioles où cette charmeresse attendait sa visite, durant que son naïf époux prenait, à Juvisy, le train pour Paris. Notre ami faisait ce voyage, sans presque quitter un instant les rives de la Seine, lesquelles sont particulièrement délicieuses en cet endroit, le fleuve s'ouvrant, çà et là, pour laisser passer les têtes touffues d'îles verdoyantes échangeant leurs martins-pêcheurs, comme des émeraudes que se jetteraient de fastueuses sultanes. C'est un panorama qu'il faut voir se dégager lentement des brouillards de l'aube comme des fumées d'un mystérieux incendie dont les langues rouges lèchent encore les bords du ciel. Que de fois mes rêves d'enfant ont suivi ces flammes vite évanouies dans la clarté tyrannique du jour! La belle allée de tilleuls qui, de Soisy descendait jusqu'à la rivière, doit chanter encore mes premiers vers quand ses feuilles automnales s'envolent vers le même néant et vers le même oubli! Toute cette nature fleurie est encore comme tendue, pour moi, de toiles à peine visibles, comme celles que les araignées tissent entre les branches et auxquelles s'accrochent des gouttes de rosée. Le passant qui les traverse les déchire, sans s'en douter seulement, et Cadet-Bitard ne savait guère, sans doute, qu'il passait ainsi à travers mes anciens rêves!

II

Or, ce matin-là, était-ce qu'il fût en avance ou qu'un démon familier d'école buissonnière le tentât, toujours est-il qu'il fit un détour pour capter un peu d'ombre, par le petit coin de la forêt de Sénart qui vient mourir là,

comme un promontoire de verdure sombre.
Il s'en allait, effarouchant les libellules dont
le vol au murmure vitreux indique l'eau prochaine. Un ruisseau charmant et qu'il connaissait bien, coulait, en effet, par là, sous les
feuillages que bordait une double haie de roseaux, longues flèches aquatiques aux pointes
s'évanouissant en panaches vaporeux, ou
s'enveloppant d'une gaine de velours brun,
avec des fleurs étranges çà et là, blanches ou
d'un jaune éclatant et semblant des étoiles
qui se seraient prises à ces hautes herbes, en
voulant remonter de l'eau soudain éclairée
vers le ciel. On longeait, des deux côtés, ce
rempart flottant, par un véritable tapis de
mousse tout piqué de pâquerettes et de crocus, et c'était encore comme un souvenir du
jardin paradisiaque, bien que les iris eussent
déjà, en cette saison, replié leurs beaux pétales d'un violet tendre sur l'or poudreux de
leur cœur, y enfermant peut-être quelque
bourdon grisé d'amour.

Quelle méchante fantaisie poussa, comme
autrefois Actéon vers le bain sacré de Diane,
notre fâcheux Cadet-Bitard à se diriger vers
un point du ruisseau où, sur la rive opposée,

les roseaux semblaient avoir plié comme sous une caresse — telles on voit, dans les blés, avant la moisson, les places où l'on s'est aimé ? — Toujours est-il, qu'odieusement indiscret, il traversa, lui-même, la muraille de piques flexibles qui gardait le cours d'eau de son côté, et s'en fut pencher son nez curieux sur ce qui ne le regardait guère. Comme il n'avait fait aucun bruit, il n'éveilla pas ceux qui avaient, sans doute, passé une délicieuse nuit sur cette agreste couche. Deux beaux enfants étaient étendus là, en effet, qui semblaient goûter la divine lassitude des tendresses repues. Il pouvait avoir dix-huit ans, et certainement n'en avait-elle pas plus de seize. Ils avaient fui, sans doute, des parents cruels, épris de l'idylle bohème qui fait croire aux affolés d'un premier amour, que tout le reste du monde est à eux. Leurs deux souffles se mêlaient dans une même odeur de baisers, et leurs mains dénouées se cherchaient encore, le grand alanguissement de leur être les faisant pareils à deux algues qu'une même vague a roulées, en les enlaçant, sur le sable encore tout frémissant du reflux. Fils et fille de paysans avares, à en juger par la pauvreté de leurs habits, et qu'on n'avait pas voulu laisser se marier tranquillement sous les joyeuses volées de la cloche paroissiale.

Cadet-Bitard eut le tort de savourer son sacrilège, prenant un plaisir coupable, et infidèle à la belle Mme Duminet, dans la contemplation de cette fillette roulée aux bras, frêles encore, d'un jouvenceau, moisson de virginités prématurément fauchées et où les fleurs du printemps se mêlaient encore aux épis verts. Elle était exquise d'ailleurs, la pauvresse, jambes nues sous sa méchante jupe trouée où la chair lumineuse mettait, de ci de là, comme des étoiles ; les paupières baissées sous une matité de bistre ; les lèvres entr'ouvertes comme une fraise où l'on a mordu ; la tête imperceptiblement dodelinante au souffle rhytmé de la poitrine qui la soutenait et haletait délicieusement sous elle. Quoi de plus sacré au monde, et de plus noblement innocent que ce sommeil bien gagné, sous l'absolution du ciel matinal y laissant tomber, goutte à goutte, l'eau bénite des rosées !

Plaf! une pierre roule sous le pied de l'indiscret Cadet-Bitard et descend dans l'eau avec un éclaboussement sonore. Les deux petits amants épouvantés se lèvent comme deux biches surprises par un chasseur et s'enfuient, en lui lançant un double regard de reproche et de malédiction.

Lui, Cadet, veut aussi se retirer à la hâte, mais, penché qu'il était sur le ruisseau, ce n'est pas sans y voir sa propre image qui lui fait horreur et semble, elle-même, lui adresser une grimace d'indignation.

En même temps, huit heures sonnent au clocher aigrelet d'Etioles. Mme Duminet doit s'impatienter. Pleins de remords, déjà, Cadet a essuyé son soulier mouillé dans l'herbe, et repris sa course, en regagnant le bord de la Seine où déjà les remorqueurs ont recommencé de gémir.

III

— Enfin, vous voilà, mon amour !

Un long baiser ne permet pas d'en dire davantage. Cadet, impatient, éparpille ses vêtements sur le plancher, et se précipite vers la couche grande ouverte, vers la tiédeur délicieuse de ses draps. Tiens! Un détail de l'ameublement, détail qui lui avait toujours semblé charmant, l'offusque tout à coup. Ce joli miroir de Venise au fond de l'alcôve, s'ouvrant, comme un œil au regard d'argent sur les hôtes du lit et toujours prêt à doubler les délices de leur vue! En pénétrant dans le sanctuaire, Cadet s'y aperçoit involontairement et il s'y retrouve la même figure de mécontentement que dans le ruisseau, tout à l'heure. Bah! une simple imagination! Déjà, Mme Duminet l'a enveloppé de ses bras à l'étreinte parfumée : Un long baiser l'aspire et c'est comme un essaim de brûlures délicieuses qui s'abat sur ses lèvres. Qu'attend-il vraiment pour répondre à cette furieuse caresse? Il n'en sait rien, mais il attend. Derrière soi, il lui semble toujours qu'il se regarde, que son visage, continue de se renfrogner dans la glace et de lui adresser de muets reproches. — Bien mieux! Il entend, dans le silence, une voie mystérieuse, la sienne, qui lui murmure à l'oreille : — Ah çà! tu ne feras donc aujourd'hui que des infamies et des malpropretés ! Il ne t'a pas suffi de troubler les amours augustes de deux cœurs simples et libres d'eux-mêmes ! Il faut maintenant que tu fasses cocu, et dans ses propres draps, un honnête homme que tu ne connais pas et qui travaille glorieusement durant que tu le déshonores ! Pouah ! Pouah ! Cadet ! Vous faites honte à la morale, à votre éducation et à la mémoire de vos aïeux !

— Mon amour, mais qu'avez-vous donc ? Ne m'aimez-vous plus ?

Et la délicieuse Mme Duminet avait le sein tout gonflé de larmes.

Cadet se cherchait vainement, dans le grand lit, comme une épingle. Il ne se trouvait pas et maudissait la vision obstinée qui ne lui permettait pas le recueillement nécessaire à cette essentielle découverte. Il suait comme un angoisseux, évoquait de libidineuses images, prononçait le nom de la première femme qu'il eût aimée ; je t'en fiche ! Toujours son fantôme, derrière lui, qui l'accablait sous les douches du remords. Cette fois, la pauvre Mme Duminet pleurait à chaudes larmes.

Désespérant de reprendre langue, comme disent les diplomates qui n'ont que cela, il brusqua l'entretien et se sauva comme un voleur, après avoir enfilé ses bras dans les jambes de sa culotte et ses jambes dans les manches de son pet-en-l'air, lequel était fort large heureusement. Aussi rentra-t-il à travers champs, plaisanté seulement des moineaux qui prenaient leur bain de soleil dans la poussière de la route, et des bergeronnettes accélérant — c'est la façon de rire de ces gentilles bêtes — le joli hochement de leur longue queue aux reflets d'azur.

Deux heures après, il mettait ce mélancolique sonnet à la poste, à l'adresse de la belle Mme Duminet, ne comptant, comme feu Ovide en pareil cas, que sur la muse pour excuser ce manquement inqualifiable à la discipline amoureuse :

Jettatura

Vide comme les Saharas,
Madame, par quel sortilège,
Ai-je fondu, comme la neige,
Entre la neige de vos bras !

— Oui, sous quels charmes scélérats,
Me faut-il rester coi ? pensai-je,
Et quel destin fatal m'abrège,
A peine englouti dans vos draps ?

Je me souviens que tout à l'heure,
Sur l'onde d'un ruisseau qui pleure,
Un nénuphar, — vivant écueil, —

Entr'ouvrait ses paupières closes
— Or, le nénuphar, pour ces choses,
A, paraît-il, le mauvais œil !

Quos vult perdere Jupiter... Le soir même, M. Duminet fit enlever la glace de Venise qui lui renvoyait, disait-il, le matin, la lumière dans la ruelle et le réveillait trop tôt. Son indulgente épouse ayant donné à Cadet-Bitard l'occasion d'une revanche, celui-ci, débarrassé du miroir obsédant, la prit copieuse, véhémente, multiple et les petits oiseaux ne le présentèrent plus quand il rentra à Corbeil, après cette nouvelle et mémorable expérience, moineaux prenant leur bain de soleil dans la poussière de la route et bergeronnettes accélérant — c'est la façon de rire de ces gentilles bêtes — le joli hochement de leur longue queue aux reflets d'azur.

VERTU ALPESTRE

VERTU ALPESTRE

I

Subitement rejeté par-dessus le cou de sa monture, le gros Anglais avait été roulé au bord d'un précipice où un malencontreux tronc de sapin l'empêcha de descendre. Le docteur Venteroussin, qui herborisait à peu de distance, en compagnie de notre sacré Cadet-Bitard, accourut aux cris du misérable et lui frictionna d'arnica le derrière, durant que la petite jument grise qui avait désarçonné mylord, subitement délivrée d'un antipathique cavalier, faisait mille gambades impertinemment joyeuses parmi les menthes sauvages, les asphodèles et les thyms odorants.

— Les chevaux de votre pays sont-ils donc vicieux? demanda Cadet-Bitard au docteur.

— Non, mais fort chatouilleux et prêts à jouer vigoureusement de la croupe pour peu qu'on les touche mal à propos. Ils ne le font jamais, toutefois, sans avoir prévenu celui qui les monte, par un petit hennissement que nous comprenons à merveille, mais dont la menace échappe aux étrangers.

Et comme Cadet-Bitard demeurait inopinément rêveur devant ce fait sans importance, le docteur ramena sur son ventre sa petite boîte de fer-blanc et y glissa une anthémis violette fort rare qu'il avait cueillie tout en bassinant le *botum* du fils d'Albion.

Alors Cadet reprit d'une voix tout à fait sérieuse :

— N'avez-vous pas remarqué déjà, docteur, que l'influence climatérique, la cohabitation peut-être sous un même ciel, donne aux gens et aux bêtes d'un même pays un caractère commun. Le cheval arabe ne demande qu'à partager son avoine avec un compagnon d'écurie, tandis qu'un cheval allemand ne pense qu'à manger celle de son voisin. Celui de Gailhard fut découvert prêtant du foin à la petite semaine à tous ceux du quartier. Le chien d'Alcibiade ne se plaisait que dans la société des eunuques. Enfin qui observe consciencieusement la race animale, dans une contrée, en peut tirer de fort intéressantes déductions sur les mœurs de ses habitants. La Bête est l'école de l'Homme. Ce n'est pas sa faute si celui-ci est si peu instruit.

— D'où vous vient ce torrent de pensées philosophiques, mon doux Cadet, demanda le docteur inquiet.

— De la façon dont se comportent ici les chevaux et de l'étrange association d'idées qu'elle éveille dans mon cerveau. Mais c'est toute une aventure qu'il me faudrait vous conter pour vous associer à ma rêverie.

— Contez, Cadet, fit Venteroussin en engloutissant encore, dans son cercueil à fleurs, une innocente azalée qui le regardait avec des yeux d'un bleu tendre qui eussent attendri un tigre même collectionneur.

Et quand ils furent assis au revers de la montagne, devant un panorama admirable où la lumière du soleil à son déclin mettait de rouges coulées parmi les ombres déjà tragiques, Cadet raconta ce qui suit :

II

A deux lieues d'ici à peine, dans un paysage plus beau encore, où m'avaient conduit les hasards de ma promenade matinale. Le jour, tout empourpré d'aurore, semblait déborder de l'horizon comme un vin vermeil d'une coupe trop remplie. Et la grande soif des êtres se tendait vers cette céleste vendange, des êtres et des choses impatients de se griser de clarté. L'âme des renouveaux s'éveillait de tous côtés, dans le frisson d'ailes mouillées des oiseaux, dans le regard de la source à travers ses longs cils de roseaux, dans le calice de volubilis s'ouvrant après leur long sommeil, et je les sentais aussi fré-

mir en moi, faits d'inassouvissement, de désir
et d'un invincible besoin de volupté. Que la
nuit soit faite pour aimer, c'est un aveugle
certainement qui a fait cette découverte. Mais
les amants d'une ferveur réelle gardent
l'ombre pour le repos et lui préfèrent, pour
leurs prudentes délices, la lumière savamment
tamisée et qui tombe des feuillages ou des
rideaux à demi ouverts. C'est une mauvaise
farce de la pudeur que ce souci de l'obscurité
qu'affectent les timides en amour. Ce n'est
pas cependant sous le regard clignotant des
étoiles, mais sous le baiser d'or du plein soleil
se levant, que Vénus jaillit des écumes argen-
tées, les cheveux façonnés aux plis superbes
d'une vague et la nacre marine des coquil-
lages étincelants sous le corail de ses lèvres.
Carpe diem! dit le poète. Cueille des fleurs
d'amour en même temps que la diurne sécurité. La vraie maîtresse est celle qui se montre
nue dans le flamboiement des choses, comme
le marbre est plus beau quand il étincelle
sous le soleil.

Je me sentais donc en grand appétit de
femme, continua Cadet-Bitard, sur un ton
moins lyrique, et j'eusse voulu vivre, ne fût-ce

qu'une heure, dans ce grand rassérénement de la Nature dans le matin, une de ces belles idylles théocritiennes qui mêlent si bien à l'âme universelle le souffle fugitif de nos poitrines, au murmure éternel du paysage les battements inquiets de notre cœur. L'haleine du vieux Pan me passait sur les lèvres avec une soif indicible de baisers. Est-ce cette personnelle impression qui me fit paraître si belle la paysanne soudain apparue au détour d'un sentier et qui me regardait avec de grands yeux pleins d'étonnement?

Mais non! Les filles des montagnes sont facilement belles, avec leur regard où semble s'être arrêté l'infini comme se retourne et rebondit en arrière une flèche se heurtant à une muraille trop dure. Et, plus que jamais, je suis convaincu qu'elle avait vraiment un visage digne d'être regardé et des charmes méritant une attention passionnée; j'entends une poitrine ferme et, ailleurs aussi, d'autres fermetés non moins amoureuses, le beau rebondissement de santé et de jeunesse qui nous met aux mains de délicieux frissons. Brune avec cela, et de belle allure sous son grossier vêtement, semblant une nymphe que d'impies bergers auraient habillée de mauvaise toile. Elle se recula légèrement quand j'approchai d'elle, mais non cependant au point de me décourager de lui parler. Elle me répondit dans une façon de patois que je n'entendais qu'à demi. Un joli lit de fougère était là tout à côté, comme dans les histoires de M. de Florian. Tout doucement, je la poussai de ce côté, tout en continuant à l'interroger avec une bienveillance hypocrite :

— Je cherche une place, me dit-elle.

— Moi aussi, lui répondis-je ingénument.

Et déjà bons amis, nous nous assîmes l'un auprès de l'autre.

III

Mais quand elle comprit mes desseins cachés, elle se mit à protester comme une brûlée. Bien que les finesses de son charabia natal m'échappassent, je m'aperçus fort bien qu'elle me refusait net ce que je lui demandais, qu'elle était indignée de ma conduite et qu'elle m'espérait faire croire à sa sagesse. Sa pantomime voulait clairement dire : jamais !

et j'entends garder mon pucelage. Cette prétention ridicule ne faisait que m'exciter davantage. J'étais à genoux devant elle et le soleil, qui me baignait le dos, m'aiguillonnait les reins. Ce n'est pas d'illusions, comme ceux du psalmiste, que ceux-ci étaient pleins. Mais elle repoussait toujours ma bouche de la sienne, me donnant un tas de raisons déplorables, au lieu du baiser que je lui demandais. La situation devenait intolérable, parce que, d'abord, j'ai les genoux remarquablement sensibles, et aussi parce que cette belle chair en révolte respirée de si près, dans le désordre de la chevelure et la caresse involontaire des mains qui la défendent, me rendait positivement fou.

Et puis, j'estime que toute femme qui consent à discuter ces choses-là est, par avance, perdue. Celles qui vraiment ne veulent pas céder s'en vont. Clément Marot avait bien raison de faire grand cas d'un doux nenni! Il y a longtemps que j'ai proclamé, dans un de mes immortels sonnets, cette fragilité de la femme et le peu d'importance qu'il faut attacher à ces refus. Écoutez un peu, mon gentil Venteroussin :

Scepticisme

Femme se plaît à refuser
Pour que plus pressant on se fasse;
Mieux vaut que l'oui qu'on dit en face,
Le non qu'on dit dans un baiser.

Il n'est besoin de l'apaiser,
Pour qu'après son couroux s'efface,
Mer qui ne bout qu'à la surface
Et caresse au lieu de briser !

O Reine des Saintes Nitouches
Qui s'arrête à tes airs farouches,
D'un jobard mérite le nom.

Quand fut cocu le premier homme
Tout en croquant déjà la pomme,
Eve disait encore : Non !

Et notre modeste Cadet-Bitard se leva pour se saluer soi-même, en signe de l'estime que lui inspirent ses propres vers.

IV

— Ma bouche, poursuivit-il en simple prose, avait enfin su trouver la sienne et s'y sceller, ce pendant que l'étreinte de mes bras s'était refermée autour de sa taille frémissante. Les joies du triomphe étaient proches et d'obscures fanfares me bourdonnaient aux oreilles. C'est alors que, vaincue, elle prononça quelques mots que je ne cherchai même pas à comprendre. Ils sont cependant aujourd'hui gravés dans ma mémoire, comme par un enchantement obstiné. Tout à coup, mon cher Venteroussin — tel l'Anglais de tout à l'heure — je me sentis enlevé, comme par la détente d'un mystérieux ressort et fus projeté fort loin sur le dos, les mains et les pieds dressés vers le ciel, comme ceux d'un Titan qui aurait voulu en arrêter la chute. Je demeurai un instant étourdi et, quand je me relevai, honteux sans doute, la belle enfant s'était enfuie. Je n'aperçus que la note rouge de son cotillon trouant çà et là l'épaisseur des broussailles, comme une fraise qui roule entre les feuilles.

— Je vous ai dit que nous étions fort chatouilleux dans ce pays, observa fort tranquillement le docteur. Et vous dites, mon cher Cadet, que vous vous rappelez ce qu'elle vous avait dit?

— Parfaitement. Elle m'a dit : « Tenta al herba moussu. »

— C'est bien notre patois des Basses-Alpes, mâtiné fortement d'italien.

— Et cela veut dire? demanda Cadet-Bitard, anxieux.

— Cela veut dire : « Tenez-vous à l'herbe, monsieur. » Nous sommes chatouilleux, mais non pas traîtres.

Et le bon docteur sauta sur une graminée qu'il avait aperçue tout en causant et la plongea dans son cimetière portatif. Ce pendant que Cadet-Bitard pensif murmurait :

— Ce n'est pas propos de fille qui n'a jamais rien perdu!

Et, le soleil étant descendu derrière les créneaux naturels dont était défendu l'horizon, faisant rayonner encore, au-dessus de cette ombre dentelée, les derniers éclairs d'or de sa cuirasse, tous deux reprirent le chemin de l'auberge où Cadet-Bitard s'empressa fort autour de la bonne, laquelle lui jura qu'elle était vierge et entendait se marier ainsi. Mais il n'en crut pas un mot.

> Tout en croquant déjà la pomme,
> Ève disait encore : Non !

TABLE DES MATIÈRES

~~~~~~~~

	Pages.
Le Miracle de Saint-Berchoux.	1
Le Drapier	21
La Poursuite	37
La Double Assomption	53
Muet par amour	71
Conférence intime	87
L'Acrobatie	103
Distraction	118
Quiproquo Brabançon	133
Orientale	151
Nuit syracusaine	167
Prudence	183
Coup double	201

TABLE DES MATIÈRES

	Pages.
Le Perroquet	219
Les Unijambistes	237
Colette	253
Nani	271
Corysandre	289
La Massaliennc	305
Mise au point	323
Obsession	341
Vertu alpestre	357

www.ingramcontent.com/pod-product-compliance
Lightning Source LLC
Chambersburg PA
CBHW050539170426
43201CB00011B/1482